中国語話者における
日本語の「させる」構文の習得

胡　君平 著

J-CLCP

日本語・日本語習得研究博士論文シリーズに寄せて

　博士学位は運転の免許に例えられることがある。一理ある考え方である。人は、運転が十分に上手になってから免許を取るのではなく、最低限の知識と技能を身につけた段階で初めて免許を取り、それから一生懸命に車を走らせて技術を上達させていくからである。

　しかし、立場を変えれば、これは盲点のある例え方だと評することもできる。なぜなら、免許の取り方と学位の取り方とではその性格に大きな開きがあるからである。免許を取る訓練の段階では、指導教官が隣の席に座って丁寧に教えてくれるが、それでも、よほど危険な状況に遭遇しない限り、運転に直接手を貸すことはない。また、免許を取得できるかどうかが決まる試験に際しては、あくまで受験者が自力のみで努力し、うまく行かなかったら、一律に不合格になる。

　一方、博士学位の場合はどうか。まず博士論文の作成においては、発想から表現まで指導教員が惜しまずに力を貸すことがある。さらによくないのは、そうしておきながら、一旦審査する段階になると、同じ教員が主査を務めてしまうことにある。このような調子だから、「手前味噌」の滑稽劇がひっきりなしに展開される。これによって、学位を取った人の一部は、学位を取った日が研究を止める日になってしまう。なぜなら、一人では研究を続けていくことができないからである。

　このような滑稽劇を根絶するためには、体制の根本的な改革が必要であり、教員の一人二人の努力だけではどうしようもない。しかし、このシリーズの企画に際しては、せめてこの風潮を助長しないように注意を払っていくつもりである。つまり、執筆候補者の選定に関して、学位申請に必要とされた「博士論文」を見るだけではなくて、学位取得から一定以上の年数が経過しても、依然として弛まず研究を続けられていることを必須条件として定めているのである。

　こうすることで、このシリーズの著者たちは、本書の背表紙に刻まれた著者名だけでなく、学会や研究会の壇上で活躍する実際の姿と、学会誌の目次や研究会のプログラムに頻出する名前とが、常に三位一体となった動的な存在であることが保証されるであろう。シリーズの刊行が学問隆盛の一助となることを切に望む次第である。

大阪府立大学　張　麟声

まえがき

　三年前に博士後期課程を修了して、中国の大学に就職した胡君平さんが、博士論文を出版することになったので、序を書いてくれないかと依頼してきた。PC に向かうと、初めて対面した時のことが昨日のことのように思い出されてきた。

　12 年前の 4 月の中旬頃、3 年生の胡君平さんという学生から「先生のゼミに参加したいので、一度会ってくださいませんか」というメールが届いた。1・2 年生の時に担当していない学生だったので、どんな子かなと思いながら待っていたら、ノックが聞こえ、女子学生が一人入ってきた。「胡君平です」「あれ、名前を見て男の子だと思ったよ」と言ったら、「はい、よくそのように間違われます」とにこにこしていた。

　この情景を思い出したのは、胡さんは人柄もその名前同様に素朴で、誠実に人に接し、実直に研究に取り組む人だと思うからなのであろう。

　その実直に進めた研究が結実したのがほかでもないこの博士論文である。わたしは、欧米で生まれた習得研究のモデルは、学習者を特定しないケースにしか向かないと感じ、中国語を母語とする学習者に限定して研究しているうちに、「対照研究、誤用観察、仮説検証」という三位一体のモデルを開発した。この三位一体のモデルは、三つの段階からなる重厚なものであるだけに、対照研究だけ、場合によっては対照研究の前段階である日本語の研究だけで博士論文執筆の条件―査読付き論文 2 本―を満たしてしまう。胡君平さんは、ご自分で地道に対照研究を行い、中間言語コーパスを使って誤用を丁寧に観察していた。その姿を見ていて大変だなと思い、助け船のつもりで、「まずは現段階の成果で博士論文をまとめ、残る研究は就職してから続けてもいいよ」と言ったら、「でも、先生、それでは習得研究になりませんよね」と今度もにこにこしていた。この時すでに、三位一体のモデルを最後まで使うと決心していたのであろう。今現在、この三位一体のモデルを最後まで使って博士論文を仕上げたのは胡君平さんしかいない。

思い出ばかりになってしまうが、敢えてエピソードをもう一つ。査読付きの論文 2 本について話題になった時のことである。後期課程に入ってから少し経ったある時、「先生、査読付きの論文 2 本ですが、一部の研究室では、うち（大阪府立大学）の学科紀要や、研究科の院生用の雑誌に投稿しても認められるそうなんですが」と聞いてきた。私は、「研究者は、それぞれ異なる分野の研究をしているので、よほどの博識者でない限り、正直に言ってよその分野のことはそんなに分からないよ。第一、隣の研究室の院生の出した論文に対して、自分の専攻でもないのに、不採用になどしにくいではないか。本格的に研究者になるのだったら、学会や研究会の会誌に挑戦しなさい」と少々ぶっきらぼうに返事してやった。「はい」とこんどはポツリと一言。気を悪くしたかなと思ったが、そんな心配は杞憂で、ひたすら黙々と頑張っている姿しか見なかった。それ以降同じ話題を再び口にすることはなかったが、時間が経つにつれて、『日本語教育』や『KLS』に論文が載るようになった。

　研究室を離れ、就職して三年。その間、いろいろなルートから活躍していると聞き、とても嬉しく思う。これからはいっそう研究に励み、中国の日本語教育研究をリードする存在にぜひなってほしい。いや、遠くにいるわたしがそのように期待しなくても、間違いなくそうなっていくに違いないと確信している。

張　麟声

2020 年 4 月 20 日

目　次

日本語・日本語習得研究博士論文シリーズに寄せて

まえがき ……………………………………………………………………… i

第1章 序論 …………………………………………………………………… 1

1.1 研究背景 …………………………………………………………………… 1

1.2 研究対象 …………………………………………………………………… 2

1.3 研究目的 …………………………………………………………………… 3

1.4 研究方法 …………………………………………………………………… 4

1.5 本研究の位置づけ ………………………………………………………… 7

1.6 本研究の構成 ……………………………………………………………… 9

第2章「させる」構文と"让"構文の対照研究 ………………………… 12

2.1 先行研究及び本研究の立場 ……………………………………………… 13

2.1.1 使役表現における日中対照研究 ……………………………………… 13

2.1.1.1 言語研究のための対照研究 ……………………………………… 13

2.1.1.2 言語教育のための対照研究 ……………………………………… 16

2.1.2 日本語についての主な先行研究 ……………………………………… 18

2.1.3 中国語についての主な先行研究 ……………………………………… 22

2.1.4 先行研究の問題点及び本研究の立場 ………………………………… 23

2.2「させる」構文と"让"構文の分類 …………………………………… 24

2.2.1 分類の方針 ……………………………………………………………… 25

2.2.2 分類の手続き …………………………………………………………… 27

2.2.3 分類の結果 ……………………………………………………………… 39

2.3「させる」構文と"让"構文に共通する意味・用法 ………………… 43

2.3.1「指示・許容的」用法 43

   2.3.1.1 待遇恩恵的制限ありの場合 44

   2.3.1.2 待遇恩恵的制限なしの場合 45

2.3.2「心理誘発的」用法 47

   2.3.2.1 単なる心理活動を表す場合 48

   2.3.2.2 感知心理活動を表す場合 53

2.3.3「他動的」用法 55

   2.3.3.1 述語動詞が自動詞の場合 57

   2.3.3.2 述語動詞が他動詞の場合 59

   2.3.3.3 述語動詞が自他両用動詞の場合 62

   2.3.3.4 日中で述語動詞の自他が異なる場合 64

2.4「させる」構文と“让”構文に共通しない意味・用法 66

   2.4.1「させる」構文特有の意味・用法 67

     2.4.1.1「再帰的」用法 67

     2.4.1.2「有責的」用法 69

   2.4.2“让”構文特有の意味・用法 72

     2.4.2.1「客体原因的」用法 72

     2.4.2.2「間接命令的」用法 74

     2.4.2.3「行為規定的」用法 76

2.5 本章のまとめ 79

第 3 章「させる」構文の誤用観察 82

3.1 先行研究及び本研究の立場 82

   3.1.1 先行研究 82

   3.1.2 先行研究の問題点及び本研究の立場 87

3.2「させる」構文の誤用観察 88

   3.2.1 観察概要 88

3.2.1.1 コーパスの概要 ……………………………………………… 88

3.2.1.2 分析の手順 ………………………………………………… 90

3.2.2 用法別の誤用傾向 …………………………………………… 93

3.2.2.1「他動的」用法 …………………………………………… 94

3.2.2.2「心理誘発的」用法 ……………………………………… 96

3.2.2.3「指示・許容的」用法 …………………………………… 98

3.2.3 習熟度による誤用傾向 ……………………………………… 100

3.2.3.1「他動的」用法 …………………………………………… 102

3.2.3.2「心理誘発的」用法 ……………………………………… 103

3.2.3.3「指示・許容的」用法 …………………………………… 104

3.3 習得仮説の提起 …………………………………………………… 104

3.3.1「他動的」用法に関する仮説 ………………………………… 105

3.3.2「心理誘発的」用法に関する仮説 …………………………… 108

3.3.3「指示・許容的」用法に関する仮説 ………………………… 110

3.4 本章のまとめ ……………………………………………………… 111

第4章「させる」構文の検証調査 ……………………………………… 113

4.1 先行研究及び本研究の立場 ……………………………………… 113

4.1.1 先行研究 ……………………………………………………… 113

4.1.2 先行研究の問題点及び本研究の立場 ……………………… 115

4.2 調査概要とデータの整理 ………………………………………… 117

4.2.1 調査時期と対象者 …………………………………………… 117

4.2.2 調査課題 ……………………………………………………… 119

4.2.3 実施方法 ……………………………………………………… 119

4.2.4 データの整理 ………………………………………………… 120

4.3 調査結果及び仮説検証 …………………………………………… 121

4.3.1 用法別の誤用傾向及び仮説検証 …………………………… 121

　　　　4.3.1.1「他動的」用法 122

　　　　4.3.1.2「心理誘発的」用法 126

　　　　4.3.1.3「指示・許容的」用法 129

　　　4.3.2 日本語能力レベル別の誤用傾向 134

　　　　4.3.2.1「他動的」用法 134

　　　　4.3.2.2「心理誘発的」用法 137

　　　　4.3.2.3「指示・許容的」用法 140

　　4.4 本章のまとめ 142

第5章「させる」構文の教材分析 145

　　5.1 先行研究及び本研究の立場 146

　　　5.1.1 先行研究 146

　　　5.1.2 先行研究の問題点及び本研究の立場 148

　　5.2 教材構成と分析方法 149

　　5.3「させる」構文の扱い方 150

　　　5.3.1「指示・許容的」用法 151

　　　5.3.2「心理誘発的」用法 155

　　　5.3.3「他動的」用法 157

　　　5.3.4「再帰的」用法 159

　　5.4 習得仮説に基づく教材改善の一提案 160

　　5.5 本章のまとめ 165

第6章 結論と今後の課題 167

　　6.1 本研究のまとめ 167

　　6.2 本研究の意義と問題点 172

　　6.3 今後の課題 174

例文出典 175

初出一覧 175

参考文献 176

資料（アンケート調査票）................................ 181

あとがき 184

索引 186

第1章 序論

1.1 研究背景

　ここ数十年間，日本における外国人留学生のうち，中国語を母語とする日本語学習者（以下「中国語話者」と称する。）の人数はほぼ毎年1位を占めている。また，中国の高等学校と大学では，英語に続き，日本語の学習者が圧倒的に多い。そのため，特に中国語話者を対象とした日本語教育は，無視しては語れない状況にあると言える。そして，日本語教育の一環として，文法項目の習得は重要な役割を果たしている。文法項目には，比較的用法の少ないものと多いものがあり，後者のほうがより習得されにくいことは言うまでもない。日本語の使役表現もそのうちの一つである。

　日本語の使役表現には様々な用法があり，これまで多くの研究で論じられてきたが，中国語話者にとって，依然として習得が難しいと言われている（馮1999，庵2010など）。一方，中国語話者の側からも「日本語の使役表現は難しい」，「「させる」が使えない」という声はよく耳にする。現在まで，誤用や習得困難点に注目した対照研究（王1998，林2006など），会話や作文のデータに基づく誤用分析（小林2006，王2016など），選択問題や自然さ判定問題の形式を取った調査研究（馮1999，庵2010など）の角度から，中国語話者による使役表現の習得状況について検討されている。しかし，中国語話者の使役表現の使用実態と誤用傾向はどうなっているのか，習得の問題点とその原因などはまだ十分に解明されていない。具体的に，中国語話者に見られる使役に関わる不適切な日本語の表現は，主に次のようなものが挙げられる。

(1) ＊この薬は食欲を増加する作用がある。
(2) ＊社長がたくさん激励の言葉をくださったので，とても感激させた。
(3) ？点心をたくさん作りすぎたので，友達に食べさせた。

　そこで本研究では，(1) 〜 (3) のような不自然な表現を中心に，中国

語話者がいかに日本語の「させる」構文を習得するのかを検討したい。

1.2 研究対象

　使役表現は受身表現と並ぶ典型的なヴォイス表現である。日本語では，主に「せる・させる」（以下「させる」と称する）構文が使役表現の中心として，これまで多くの研究者によって取り上げられている。森田（2002: 194）では「させる」構文の表現的意味について，次のように述べられている。

　　一口に使役といっても，表現的意味から言ってさまざまで，純粋に人が他者に命じて何かをやらせる使役（やらせ）から，相手が自ずとそうするように持っていく指令（しむけ），相手や対象のなるがままに認める許容（ゆるし）や放任・放置（そのまま），さらには，相手や対象がそうなってしまう誘発現象（不随意），当方にかかわりのない他者の有り様を己の作為ととらえる（責任・手柄），ついには無関係な二つの現象に因果関係が認める（結果）など，「せる」の果たす表現的意味は多彩である。

　楊（1989）では，上記のような意味を持つ「させる」構文のほかに，「ように言う」，「てもらう」，「他動文」も扱われており，それらの使役性について言及している。野田（1991）では，日本語のヴォイスを形態的な面から，文法的なヴォイス（例えば「させる」構文），中間的なヴォイス（自動詞と他動詞の対立），語彙的なヴォイスの3種類に分類している。

　一方，中国語では，"让 (rang)，使，叫，令"といった中心的な使役マーカーのほか，"请，派，导致，致使"のような使役の意味を持つ動詞，"叫醒"（呼び起こす）のような"動詞＋補語"構造，"杀"（殺す）のような他動詞，そして"把～吓哭了"（～を驚かして泣かせた）のような「特定マーカー～動詞＋補語」構造も使役表現の研究対象として検討されてきた（宛2005，周2005 など）。

　本研究は中国語話者による日本語の使役表現の習得研究である。日

本語の典型的な使役表現は「させる」構文である。その習得が最も重要な課題だと言える。第二言語習得においては，学習者の母語と目標言語における類似点が習得を促進させ，「正の言語転移」が起こるのに対し，相違点が習得を阻害し，「負の言語転移」が起こる可能性があると言われている（迫田 2002，張 2010，庵 2010 など）。そのため「させる」構文に対応する中国語の典型的な使役表現について分析する必要もある。中国語では，"让"構文は最も多様な用法を持ち（中島 2007），その使用率が高く，「させる」構文との意味的重なりも他の使役表現より多い。そこで，本研究では「させる」構文と"让"構文を中心に取り扱う。

　一方，日本語の「この薬は食欲を増加させる作用がある」に対応する中国語は使役文ではなく，"这种药可以增加食欲"のような他動詞文になる。このように「させる」構文と"让"構文が対応しない場合，両構文の対応関係を述べるため，使役表現ではないものも必要に応じて考察する。

　中国語の"让"構文は使役性を持たない用法も有している。例えば，誘いを表す"让我们荡起双桨。"（船を漕ぎましょう。），受身を表す"让老师说了。"（先生に注意された。）などがそれに当たる。本研究では，これらの用法は使役表現でないものと見なし，研究対象としない。

1.3　研究目的

　本研究は，中国語話者による日本語の「させる」構文の使用実態や習得問題点の解明を目的とし，張（2010）で提唱されている三位一体の研究モデル「対照研究・誤用観察・検証調査」に「教材分析」を加えた一連のステップを踏んで検討する。具体的には以下の 4 点を研究目的とする。

　① 日本語と中国語の典型的使役表現である「させる」構文と"让"構文の意味・用法の分類を行い，両構文に共通する用法と共通しない用法における構文的特徴，異同点及び対応関係を明らかにする。

② 作文コーパスの誤用観察を通して，中国語話者の実際の運用における「させる」構文の用法別の使用実態と，誤用傾向及び習得問題点を明らかにする。そして日中対照研究で得られた結論と照らし合わせ，推測される誤用の要因を探り，用法別の習得仮説を立てる。

③ 中国語話者を対象に検証調査を行い，調査結果を考察し，「させる」構文における用法別の習得仮説の妥当性を検証する。

④ 検証調査に見られた誤答[注1]の傾向の原因分析の一環として，被験者が使用している日本語教材における「させる」の扱い方を考察し，習得仮説に基づく教材改善の一提案を試みる。

1.4 研究方法

本研究では，基本的に張（2010）で提唱されている「対照研究・誤用観察・検証調査」という三位一体の研究モデルを踏襲する。このモデルを採用する理由として，第二言語習得に関わる要因の一つの「言語間の距離」（主に目標言語と母語との距離）を重視し，研究の成果が教育現場に役立てられる研究方法と考えるためである。張（2010: 78）は三位一体のモデルについて次のように論じている。

　　　この研究モデルは、母語のプラスの転移とマイナスの転移を積極的にとらえて、現場の教育活動に、迅速に還元していくことを目指したものである。母語転移が学習者の母語と目標表現の間のさまざまな対応・非対応関係によって起こるとすれば、対照研究によってそれを予測することはできると考えられる。しかし、学習者の学習プロセスは、さまざまな要素から構成される複雑な心理的過程であるから、学習者の運

注1　本研究では，作文コーパスなどに見られた学習者が使用した不自然な表現を「誤用」，アンケート調査の回答に見られた不自然な表現を「誤答」と呼び分ける。

用は、対照研究によって導かれた予測通りに、すべてが起こるような一筋縄でいくものではない。したがって教育活動に還元するためには、対照研究で分析した言語項目に関して、学習者の運用を見る必要がある。その分析方法の一つとして、誤用分析を行い、予測通りに転移が起こっている場合とそうでない場合と見分けること、さらに、その質的、量的不備を補い、見たい言語項目に焦点を当てて、予測の正否を検証する検証調査を行うことを必要とする。このような一連の研究によって、母語転移が起こりうるケースを具体的に捉え、そして、それを教育現場に応用していくというのが、このモデルの目標であり、理念である。

　張（2011: 2）では，「昨今の第二言語習得研究のかなりの部分は、第二言語習得の理論から出発して仮説を導き出すものであるため」，「学習者の母語のありように着目しない状態で、ある言語形式を取り上げて調査し、その結果を習得の状況として報告する性格のものである。」と述べており，このタイプの研究を仮に「規則発見型習得研究」と呼んでいる。「このような研究においては、研究の結果が焦点化されていたり、抽象化されていたりするため、教育の現場ですぐに役立つものではない」と指摘している。それに対し，「対照研究・誤用観察・検証調査」という三位一体の研究モデルを「仮説検証型習得研究」と名付けている。

　三位一体の研究モデルの各々のステップについて，張（2012）ではさらに次のように説明している。「対照研究とは、学習者の母語と目標言語において意味的に対応すると考えられる言語形式に関して、その意味・使用の諸相を比べ、対応するケースと対応しないケースを確定する作業である」。誤用観察とは，「対照研究を通して明らかになった両言語が対応しないケースについて、実際に学習者の誤用が起きているかどうかを観察する作業である。両言語が対応しないケースに限る理由は、対応するケースにおいては、たとえ誤用が見られたといっても、その誤用の原因は母語転移によるものとは考えられないからである」。それから，

中間言語コーパスを通して誤用を観察し，その結果を踏まえた仮説を立てるべきだと主張している。さらに「仮説を立ててからは、それが妥当なものかどうかを検討するために調査を行う必要がある。これが検証調査である。」と述べている。

　本研究では，基本的にこの三位一体の研究モデルを軸とし，最後に補足的に「教材分析」を付け加え，考察を行うことにする。「教材分析」のステップを付け加える理由は次の通りである。第二言語習得に影響する要素には，母語転移，学習環境，学習者の適性など人為的なコントロールが困難なものがある。一方，人為的に改善できるものとして，目標言語を教える教材が挙げられる。学習者の習得に，教材は相当重要な役割を果たすことは言うまでもない。教材の内容に起因する誤用もあるため，問題点などを明らかにすることによって，学習者の習得の問題点はより明白になると思われる。

　第1ステップの対照研究では，主に『中日対訳コーパス』,『少納言』(BCCWJ）などを利用し,「させる」構文と"让"構文の用例を収集した。日本語記述文法研究会（編）(2009）の分類基準を参考に，収集された用例に対して意味的分類を行った。それから両構文に共通する用法と共通しない用法に分け，意味そして構文における類似点，相違点及び対応関係を考察した。とりわけ，「負の言語転移」を起こす可能性のある両言語の相違点に焦点を当て，日中両言語ではそれぞれどのような表現と対応するのかを明らかにした。

　第2ステップの誤用観察では，台湾の東呉大学が作成した大学生の作文コーパスを利用した。中国語話者37人による959篇の作文から,「させる」が使われた文と使えそうな文を収集し，3人の日本語母語話者に例文の自然さ判定及び修正をしてもらった。それから，用法別の誤用率を示し，誤用のパターンと習得問題点などを分析し，考えられる誤用の要因を探った。最後に用法別に習得仮説を立てた。

　　第 3 ステップの検証調査では，習得仮説を検証するために，中国に
ある 2 つの大学に協力してもらい，中国語話者 99 名を対象にアンケー
ト調査を行った。調査後，中国語話者の正答と誤答を分析し，考察結果
を以て習得仮説の妥当性について検討した。

　　第 4 ステップの教材分析では，被験者が使っている日本語の文法教
材について，「させる」の扱い方を分析した。具体的に「させる」が出
現している文法解説，例文，練習文などを収集し，用法別に分析した。
それから習得仮説に基づき，教材改善の一提案を試みた。

1.5　本研究の位置づけ

　　中国語話者による「させる」構文の習得に関する従来の研究は，誤
用や習得困難点に注目した対照研究（王 1998，林 2006 など），会話や
作文のデータに基づく誤用分析（小林 2006，王 2016 など），選択問題
や判定問題の形式を取った調査研究（馮 1999，庵 2010 など）の角度か
ら検討されている。一部の誤用分析と調査研究には，日本語と中国語の
対照分析も加えられている。ここでは，各々の主な先行研究を概観した
うえで，本研究の位置づけを述べることにする。

　　日中使役表現の対照研究は，楊（1989），王（1998），孫（2001），林
（2006），中島（2007）などが挙げられる。「させる」構文と "让" 構文
の大きな相違点は，前者は被使役者の動作の実現を含意するが，後者は
含意しないという見解がこれらの研究に共通して見られる。しかし，こ
れまでの多くの研究は基本的に日本語の意味分類に基づき検討されてい
るため，「させる」構文に見られない中国語の "让" 構文に特有の用法
が網羅されていない。例えば中国語では，次のような「客体原因的」と
一部の「間接命令的」用法などである。

　　(4) 这本书　让　　我　找　了　　3 年。
　　　　この　本 させる　私　探す　した　3 年
　　　　私はこの本を 3 年間も探しました。

(5) 莫高窟　里　不让　　照相。
　　莫高窟　中　させない　撮影する
　　莫高窟内は撮影禁止。

　　また，楊（1989）や孫（2001）では，「させる」構文と“让”構文の
相違点を明らかにするために，一部の使役表現に関しては意味・用法の
角度から，一部の使役表現に関しては構文的特徴の角度から分析が行わ
れている。だが，角度が一様ではないため，対照研究に適応する分類が
十分にされているとは言えない。そして，日本語教育の視点から，構文
的特徴は意味・用法より複雑で理解しにくいと推測できるため，本研究
では「させる」構文と“让”構文の意味・用法を網羅した分類を提案し
た上で，用法別に構文的特徴を分析し，両構文の異同点及び対応関係を
明らかにする。
　　これまでの「させる」構文の誤用分析は，コーパスの公開に伴い，
中国語話者によく見られる誤用例の分析（佐治1992など）や対照研究
に基づいた母語干渉の可能性を検討するもの（張2001など）から，会
話や作文コーパスのデータを考察するもの（小林2006，王2016など）
へ移行する動向が伺える。佐治（1992）と張（2001）は個別の誤用例の
質的分析を，小林（2006）と王（2016）は量的分析も行っている。これ
らの研究は誤用全体を一つのデータとして取り扱っており，学習過程に
ついては言及していない。また，「させる」構文の意味・用法に着目し
た考察は，森（2002）の分類に基づいた王（2016）にしか見られない。
そこで本研究では，まず日本語教育の視点から中国語との対応関係を考
慮し，「させる」構文の分類を見直す。それから作文コーパスに見られ
る誤用例の量的分析と質的分析を通し，中国語話者による「させる」構
文の用法別の誤用傾向と習熟度による誤用傾向を検討する。
　　「させる」構文に関する調査研究には，馮（1999），庵（2008，2010）
などがある。馮（1999）は助詞「に」と「を」の選択問題，構文の自然
さ判定問題の2つの課題の調査を通し，両言語の相違点の習得における
母語の干渉が一貫して存在し，日中対応する表現は正の転移，対応しな

8

い表現は負の転移があることを指摘した。庵（2008，2010）の一連の研究では，選択形式の調査を通し，中国語話者の習得傾向は，「受身形がよく習得されているのに対し，使役の習得率は低い。特に「他動詞に相当する使役形」は全く習得されていない」，そして，漢語の知識が負の転移となって習得を阻害する場合があることを示唆した。しかし，このような選択問題と自然さ判定問題の形式を取る調査は，調査対象が与えられた日本語の調査文に対して，どのぐらい理解しているのかを把握できない可能性が大いに考えられる。そこで，調査対象の母語である中国語の対訳の提示やフォローインタビューなどの方法を補強的に取り入れる必要があると考える。

　本研究は，「対照研究・誤用観察・調査検証・教材分析」という一連のステップを通し，相互的に補強させながら，総合的に中国語話者による「させる」構文の習得状況を究明する研究として位置付ける。

　中国語話者の「させる」構文の習得において，このような一連のステップを踏んで考察した研究はこれまでになかった。各々のステップと関連する先行研究を一括して挙げると，先行研究と本研究の位置づけや主張が不明瞭になりかねない。そこで，本研究では「先行研究」という章を設けず，各章において各々のステップと関連する研究を概観した上で，本研究の立場を提示することにした。

1.6　本研究の構成

　本研究は，「対照研究・誤用観察・検証調査」という三位一体の研究モデルを主な道具立てとし，「教材分析」も視野に入れ，中国語話者による日本語の「させる」構文の誤用傾向，習得の問題点や予測できる誤用の要因を検討する。本研究の構成は次の通りである。

第1章　序論

　この章では，問題提起及び本研究の概観として，研究背景，研究対象，研究目的，研究方法，本研究の位置づけ及び論文の構成について述べる。

第2章　「させる」構文と"让"構文の対照研究

　この章では，主に『中日対訳コーパス』などからデータを収集し，「させる」構文と"让"構文の日中対照研究を行う。2.1 では，これまでの対照研究を概観する。2.2 では，両構文の使役用法を網羅した分類を行う。2.3 では，両構文の共通する用法（「指示・許容的」，「心理誘発的」，「他動的」）における意味的,構文的異同点及び対応関係を明らかにする。2.4 では,両構文の共通しない用法（「有責的」,「再帰的」,「間接命令的」,「行為規定的」,「客体原因的」）における意味的，構文的異同点及び対応関係を明らかにする。2.5 では，本章の論述をまとめる。

第3章　「させる」構文の誤用観察

　この章では，中国語話者の作文コーパスを利用し，「させる」構文の誤用を観察し，コーパスに出現している用法に関する習得仮説を立てる。具体的に，3.1 では，これまでのコーパスに基づいた習得研究を中心に挙げる。3.2 では，まずコーパスの概要と分析の手順を紹介する。次に誤用観察の結果を示し，用法別と習熟度別における「させる」構文の誤用傾向，習得の問題点及び予測できる誤用の要因を検討する。3.3 では，第2章の対照研究の結論と照らし合わせ，作文コーパスに出現している用法に関する習得仮説を提起する。3.4 では，本章の論述をまとめる。

第4章　「させる」構文の検証調査

　この章では，アンケートの調査結果を考察し，前章で提起した習得仮説の妥当性を検証する。4.1 では，これまでの「させる」構文に関する調査研究を概観する。4.2 では，本研究の調査概要及びデータの整理方法を報告する。4.3 では，検証調査の結果を提示した上で，用法別の誤用傾向及び日本語能力レベル別による誤用傾向を分析し，習得仮説の妥当性を検討する。4.4 では，本章の論述をまとめる。

第5章　「させる」構文の教材分析

　この章では，被験者が使っている日本語教材における「させる」構

文の扱い方を分析した上で，習得仮説に基づく教材改善の一提案をする。
5.1 では，これまでの教材分析に関する研究を挙げる。5.2 では，教材の
構成及び分析の方法を述べる。5.3 では，「させる」の文法解説や例文を
挙げ，用法別の教材の扱い方を考察する。5.4 では，習得仮説に基づき，
教材改善の一提案を提示する。5.5 では，本章の論述をまとめる。

第 6 章　結論と今後の課題

　この章では本研究の全体を総括し，今後の課題を展望する。6.1 では，
本研究のまとめ，6.2 では，本研究の意義と問題点，6.3 では，今後の課
題を述べる。

第2章「させる」構文と"让"構文の対照研究

　丸田（1998: 3）に次のような記述がある。「時間的に連続する二つの出来事があって，後発の出来事が先発の出来事の生起に依存して起こるとき，これらの出来事の間に存在する関係を因果関係（causal relation）という」。因果関係にある先発と後発の出来事を捉える表現として，使役表現がその代表的なものの一つと言える。

　使役表現の中心的な意味・用法については，研究者の間では一致した見解が伺える。例えば早津（2004: 128）では次のように論述している。

　　　使役表現の文としてまず思い浮かぶのは，「親が子供に玄関
　　の掃除をさせる。」「監督が選手達を毎日10キロ走らせる。」と
　　いった文だろう。すなわち，「人が他者に対してある動作を行
　　うように命じたり頼んだりといった働きかけをし，それを受け
　　た他者がその動作を行う」という事態を表現する文である。

　一方，日本語の「させる」構文は「経済を活性化させる」や「庭の桜が花を咲かせた」が示すように，「強い意志的行為から弱い因果関係まで幅広く対応し，こうした意味的役割から「せる」の機能を脱着して，動詞の表す自他といった文法性の領域に移行していく」（森田 2002: 194）。中国語の"让"構文も同様に，その使用範囲は使役性の強い中心的なものにとどまらず，"让他去，他没去。"（彼に行くように言ったが，彼は行かなかった。）や"前面不让左拐。"（この先，左折できない。）のような使役性の弱いものまで広がっている。本章では，使役性の強いものから弱いものまでの幅広い使役文を取り扱い，「させる」構文と"让"構文の異同点及び対応関係を明らかにすることを目的とする。

　本章の構成は次の通りである。2.1 で，本研究と深い関わりを持つ日本語と中国語の対照研究（以下「日中対照研究」）をはじめ，日本語と中国語の使役表現に関する先行研究を概観してから，本研究の立場を述べる。2.2 で，「使役者の働きかけ性」や「使役者の意図性」といった統

12

一した基準のもとで,「させる」構文と“让”構文の両方の意味・用法を網羅した分類を試みる。2.3 と 2.4 で,共通する用法と共通しない用法における両構文の類似点と相違点,対応関係を明らかにしたい。2.5 で,本章の論述をまとめる。

2.1 先行研究及び本研究の立場
2.1.1 使役表現における日中対照研究

使役表現に関する日中対照研究には,楊（1989）を代表として,これまで多くの研究者（王 1998, 孫 2001, 林 2006, 中島 2007, 高橋 2012 など）によって行われてきた。総観してこれらの研究は,張（2007a, b）で定義されている①言語研究のための対照研究と,②言語教育のための対照研究という 2 つの出発点から,両言語の表現形式,構文的特徴,意味・用法及び対応関係を中心に論じられてきた。

2.1.1.1 言語研究のための対照研究

言語研究のための対照研究として,日中使役表現の対応関係を中心に検討している楊（1989）,中島（2007）,孫（2001）,意味構造に焦点を当てている高橋（2013）,使役と受身の連続性に注目した劉（2013）などが挙げられる。そのうち,とりわけ日中使役表現の対応関係の究明は本研究の研究目的の一つであるため,まずそれに関する先行研究を挙げた後,他の研究を概観する。

多くの先行研究では使役者を「X」,被使役者を「Y」と記号化している。例えば早津（2004: 130）では,日本語の使役文の構造を「X が Y に／を (Z を)V-(s)aseru ／ (s)asu」と定義している。本研究では一部の記述や図表の簡略化を図るため,早津（2004）に倣い,使役者,被使役者,述語動詞をそれぞれ「X」,「Y」,「V」と記すことがある。さらに必要に応じて,自動詞を「Vi」,他動詞を「Vt」,自他両用動詞を「ViVt」と記号化することを断っておく。

楊（1989）では,中心的な使役表現と周辺的な使役表現を幅広く取り扱い,日本語の「(さ) せる,他動詞文,てもらう,ようにいう」と

中国語の「让/叫，使，使役兼語式，他動詞文）の対照分析を通し，両言語の相違点を詳しく検討した。「させる」と「叫，讓（"让"の繁体字)，使」の異同については，具体的に共通性，構造，意味，使役者と被使役者の有情性という4つの視点から詳しく検討した。両者の最も異なる点は，「(さ) せる」はYの動作を含意しないが，「让/叫」は含意するところである」と主張している。これらの「させる」構文と"让"構文についての主な指摘は，表1にまとめることができる。

表1. 楊（1989）による「させる」と"让"に関する主な指摘

視点	要素	例文	させる	让
共通性	補文構造・誘発許容	太郎が次郎に/を行かせる。	○	○
構造の違い	Yの動作状態の含意	*行かせたけれど，彼は行かなかった。	×	○
誘発	脱着類の動詞	子どもに服を着させる。	○	○
	心理動詞	親の死が彼を悲しませた。	○	○
	いわゆる所動詞	*彼に聞こえさせるために，＜略＞	×	○
許容	―	私にもその実験をやらせてください。	○	○
X有情 Y非情	YがXの所有物	彼はあしを滑らせて転んだ。	○	×
	日中とも無対Vi	成功させる	○	○
	日Vi－中ViVt	日中関係を発展させる。	○	○
X非情 Y有情	Vは簡単な構造	父の死が花子を悲しませた。	○	○
	Vは複雑な構造	憂いが私に食事をおいしく食べさせない。	×	○

　中島（2007）は，「使役と日中対照」の章で「させる・てもらう・ように」構文と"让"構文の対応関係を分析した。日本語と中国語の使役文は補文を含む埋め込み構造という点で一致するが，「させる・てもらう」構文は主文と補文の2つの事象の成立を要求するのに対し，"让"構文は補文の事象が成立の是非を問わず許容されるという楊（1989）と類似する指摘をしている。さらに，中国語においては，「文法的カテゴリーが極めて未分化であり，各々が重なり合い，文脈によって使い分けられているに過ぎない。」（中島2007: 131）と主張している。

　孫（2001）は『日本文法大辞典』の意味の分類基準に従って，7タイプの「させる」と中国語の使役マーカー「使，令，叫，让」との対応関係を考察した。考察で得られた“让”と対応関係は次の通りである。①強制と②許可と③放任の場合は“让”と対応する。④不本意の「A，人間の非意志的な感情」の場合は対応するが，「B，結果の良くない客観的な事態」の場合は対応しない。⑤「A，有情物の無意志的な動作」の場合は対応するが，「B，非情物の動作」の場合は対応しにくい。⑥身体の一部の動作は対応しない。⑦原因の「A，被使役者は非情物である」の場合は対応しにくいが，「B，被使役者は有情物である。」の「(A) 人間の非意志的な感情」の場合は対応し，「(B) 客観的な結果」の場合は対応しにくい。

　高橋（2013）では，連語論の観点から使役義を表す連語「仕手の影響による受け手の使役行為」という「使役のむすびつき」を設け，日中両言語の使役表現は「仕手（主体）＋仕手の影響による受け手の使役行為」という同一の意味構造をなしていると主張している。さらに，「使役のむすびつき」を設けることによって，日中両言語は主体が客体に働きかける場合，客体が主体に許可を求める場合，主体からの影響による場合の3つの用法があるとしている。

　使役と受身との連続性について，1つの言語内の現象のみを対象としている先行研究が多い（早津1992など）。劉（2013）は1つの言語内のみならず，日本語と中国語で一方の言語の受身がもう一方の言語の使役に訳される現象も扱っている。具体的には日本語に軸を据え，「受身と使役の連続性」を有する受身形を伴う5つの構文が，中国語の“让”,“叫”構文に訳される場合，受身の意味で取られるか使役の意味で取られるかを検討している。結論として「①結果・状況容認型受身」と，「②誘発的使役受身」の一部以外の4つの構文はいずれも使役の意味で解釈されることが分かった。よって，中国語の使役を表す“让”,“叫”構文と日本語の受身文との連続性が見出された。

2.1.1.2 言語教育のための対照研究

　言語教育のための対照研究として，王（1998），林（2006）などが挙げられる。王（1998）では，日本語版と中国語版の小説にある実例を取り上げ，中国語話者の習得面から「せる・させる」，「〜てもらう」，「〜ように言う」の日中両言語の対照研究を行っている。中国語話者に対する日本語教育においては，次の2点について十分に配慮しながら，指導がなされるべきであると主張している。1つ目は「し手の動作の実現を要求するか否かが習得の成否に関わる。」（「し手」は述語動詞の主語を指し，本研究で言う被使役者。），2つ目は「「要求動詞」と「〜てもらう，ように言う」の対応関係，即ち日本語の間接性，潜在性と強い気配りの点が難しい」（王 1998: 36）。

　そして，「させる」構文と"让"構文の対照分析においては，①「せる・させる」と中国語の「要求動詞」との対応関係，②し手の動作の実現性，③語用論という観点から見た「行動要求内容表現」という3つの角度から考察している。日中使役表現の相違点については，王（1998）では主として次のことを指摘している。中国語の「请，叫，让」は，し手の動作の実現を含意する場合も含意しない場合も用いることができる。これに対し，日本語の「せる・させる」は根本的には「し手の動作の実現性」を表し，「〜てもらう，ように言う」は間接性・潜在性と強い気配りを有する。

　林（2006）では，張（2001）で挙げられている中国語話者の誤用例を分析し，日本語と中国語の使役文の特徴及び対応関係を考察している。林（2006）の主な主張として次の3点が挙げられる。

①　夏目漱石の小説『こころ』の原文と中国語の翻訳を比較・考察した結果，中国語の使役文は全体の75.5%を占めるのに対し，日本語が中国語と対応し，使役文をとる用例は24.3%にとどまっていることから，中国語の使役文は日本語より使役範囲が相当広いことが分かった。

② 日本語の「させる」構文では，Ｘのほうが目上または同等でなければいけないという待遇的制約が厳しいのに対して，中国語はそうではない。

③ Ｙが非情物である場合，「させる」構文は「再帰」，「他動」などの意味を表すことができるが，中国語はできない。

以上，日中対照研究を見てきたように，これまでの研究は主に対訳や翻訳文を対照分析し，両言語の使役表現の構文的異同点及び対応関係を論述している。両言語の顕著な相違点として「させる」は被使役者の動作の実現を含意する，待遇的制約が厳しい，「再帰」の意味を表せるが，“让”はそうでない点，“让”の使用範囲が「させる」より広い点などといった指摘が数多くされている。一方，従来の日中対照研究に見られる問題点は主に次の 4 つが挙げられる。

①「させる」構文も“让”構文も意味・用法が多様であり，互いに対応しない用法があるにも関わらず，従来の研究が参照している分類は日本語だけに従っており，「这本书让我找了 3 年。」などのような中国語の特有の用法が見落とされている。そのため，中国語の特有の意味・用法は分類に勘定されていない。

② これまでの多くの研究が参照している日本語の分類は，大まかに「誘発」，「許容」という 2 つの意味・用法に分けられており，その後の分類が十分に注目されておらず，日中両言語の異同点及び対応関係を明示するような意味・用法の分類が行われていない。

③ 楊（1989），孫（2001）にあるように，「誘発」，「許容」といった使役者の視点による意味・用法の分析と並んで，使役者と被使役者の有情性といった構文的特徴，または「有情物の無意志的な動作」，「不本意な人間の非意志的な感情」といった被使役者の視点による

事象の分析が行われており，分析視点に統一性が欠けている。

④ 他動文相当の使役文やYの心理を表す使役文については，日中両言語が対応するとされているが，例えば日本語の「社会文化を<u>維持させる</u>」と中国語の「<u>*让维持社会文化</u>」のように対応しないケースもあるため，さらに詳しく検討する余地がある。

2.1.2 日本語についての主な先行研究

　日本語の使役表現についての研究は，青木（1977），寺村（1982），須賀・早津（1995），定延（1991），野田（1995），早津（1992）などに代表され，意味・用法と構文的特徴，他動詞や受身表現との関連性，使役の表現形式などの観点を中心に進められてきた。これまでの日中対照研究は，主に日本語の「誘発」，「許容」という意味・用法の2分類に基づき，構文的特徴及び日中両言語の対応関係を検討している。ここでは，従来の日中対照研究でほとんど参照されてこなかった，意味・用法の分類が緻密化された研究を重点的に紹介する。

　意味・用法の分類についての研究は早津（2007: 80）で述べられているように，「使役文の意味の研究は、使役実態の《結果局面 / 後続局面》に注目するものから《原因局面 / 先行局面》に注目するものへと移ってきた」。そして「使役文の表す意味については、これまでに多くの論考があるが、代表的な二つの意味をとりだすものとしては、「強制」と「許可」、あるいは「誘発」と「許容」という分類が現在よく行われている。」（早津2007: 49）。さらに「1970年代前後から使役主体や動作主体が人でない場合をも積極的に考察対象にして、〔…〕種々の意味・用法がとりあげられるようになった」（早津2007: 74）。先行研究を概観すると，近年では意味・用法に関する分類には緻密化されてきた動向が伺える。

　村木（2001: 21）では使役者と被使役者の意志性の有無によって，以下のような分類を行った。一方，日本語教育学会(2005)では「指図的」，「許容的」，「事態発生」の3種類に分類し，村木（2001: 21）と相似する考えを示している。

a. 使役（強制）：Y の意志性が強い場合

　(85)^{注2} 母親が　息子を　そばに　来させた。

b. 許容（放任）：X の意志性を Y が尊重する場合

　(86) 母親は　息子を　遅くまで　遊ばせた。

c. 成り行き（自然）：X にも Y にも意志性がない場合

　(87) その母親は　息子を　戦争で　死なせた。

　森（2002）では，強い意志的行為から弱い因果関係までの使役文の表現的意味を次の 10 種類に分類している。

① 因果関係（論理）　　小さな穴が堤防を決壊させた。
② 結果（無作為）　　　やあ、待たせたね。
③ 責任・手柄　　　　　息子を戦死させてしまった。/子供を大学に合格させた。
④ 誘発（不随意）　　　親を悲しませる不肖の息子。
⑤ 放置（たまま）　　　ご飯を腐らせてしまった。
⑥ 放任（させておく）　泣きたいだけ泣かせる。
⑦ 許容（ゆるし）　　　褒美に海外旅行に行かせる。
⑧ 指令（しむけ）　　　誘導尋問で犯人に吐かせる。
⑨ 使役（やらせ）　　　病妻を無理に働かせる。
⑩ 他動性（作為）　　　頭を働かせる。

　庵（2001），早津（2004），日本語記述文法研究会（編）（2009）では，基本的に類似した分類が見られる。例えば庵（2001）では使役表現を，①基本的用法，②原因主語，③責任者主語，④Y の動作や変化を表すもの，⑤その他のやや特殊なのものの 5 つに分類している。早津（2004）では，①基本的，②許容・許可的，③不本意な放任的，④因果関係的，⑤X が Y に直接手を下すような動作的（⑥の類に近い）⑥他動的の 6 つに分類

注2　番号 (85) ～ (87) は村木（2001）の例文番号。

19

している。
　ここでは，近年の代表的な研究を2つ挙げる。日本語記述文法研究会（編）(2009) は，「一般的使役文は，対応する能動文には含まれていない人や物を主語として，能動文の表す事態の成立に影響を与える主体として表現する」と述べ，使役者の事態の成立への関わり方から，使役表現を3種類に分類した上で，さらに下位分類を行っている。

① 使役者が間接的に事態の成立に関わる
　　a. 能動的：警察官が男を止まらせた。
　　b. 受容的：申請者を全員入国させた。

② 使役者が直接的に事態の成立に関わる
　　a. 原因的：彼の来訪がみんなを驚かせた。
　　b. 他動的：私は車を走らせた。

③ 使役者が事態の成立に積極的に関わらない
　　　　　　私は飼い犬を死なせた。

　高見 (2011: 129-137) は，基本的に日本語記述文法研究会（編）(2009) と同じ立場を取り，次の図のように「使役主の当該事象への関与」に注目した分類が行われている。

(22)[注3]

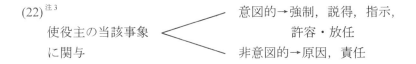

　以上のような意味・用法に関する研究のほかに，使役文の他動文や受身文との関わりに関する研究として，早津 (1992) と高見 (2011) などが挙げられる。

注3　番号(22)は高見 (2011) の例文番号。

　早津（1992）では，ある事態を叙述するのに使役文も受身文も可能
となるような言語事象（知らせずにすむ／知られずにすむ）に対し，主
として構文の面から（意味的なことも幾分考慮に入れながら）次の 5 つ
の類に分け，使役文と受身文の接近が起こりやすい条件を考察している。
《A》第三者が主語の使役・受身，《B》持ち主が主語の使役・受身，《C》
相手が主語の使役・受身，《D》直接対象が主語の使役・受身，《E》使
役と受身とで主語が異なるもの。一方，その接近は構文のほかに，迷惑
性・支配性・放任性といった意味的，個々の動詞の語彙的な意味やコロ
ケーションなどの関わり，さらにはそこで表わされている事態に関わっ
ている人と事柄の関係なども要因になりそうだと述べている。

　高見（2011）では，(54)(55) のような例文の考察を通し，「させる」
構文と他動詞文の意味的な違いについて，次のように記述している。「他
動詞は，主語指示物が自らの意志や力で当該事象を引き起こすことを表
すのに対し，使役形は主語指示物（＝使役主）が目的語指示物（＝被使
役主）に指示などだけで，目的語指示物が自らの意志や力で引き起こす
事態を表す。」（高見 2011: 50）

(54)[注4]　a.　店長は，マネキンをショーウインドに<u>立てた</u>。　　［他動詞形］
　　　　　 b.*　店長は，マネキンをショーウインドに<u>立たせた</u>。　［使役形］

(55)　　 a.*　店長は，モデルをショーウインドに<u>立てた</u>。　　　［他動詞形］
　　　　 b.　 店長は，モデルをショーウインドに<u>立たせた</u>。　　［使役形］

　以上，日本語の使役表現に関する研究を見てきた。とりわけ意味・
用法に関しては，分類の基準や分類の数は異なるものの，類似した論考
も存在する。「使役者の事態成立への関わり」を分類の基準とし，5 つ
前後のタイプ分けが主流となっている傾向が伺える。

注 4　番号 (54)(55) は高見（2011）の例文番号。

2.1.3 中国語についての主な先行研究

　周知のように，中国語では使役表現は「兼語句」の一つとされており，使役マーカーが多数存在している。そのためこれまでの研究は，主に使役の諸表現形式の使い分けに重きが置かれている。そのほか，構文的特徴や使役表現の範疇に関する研究があるが，一つ一つの使役マーカーの意味・用法を網羅的に詳しく検討したものがほとんど見られない。

　中国語の使役表現の諸形式の使い分けに関する研究は，主として来・相原（1993）が挙げられる。来・相原（1993）では，"让，叫"は意図的に指図してある動作をやらせるとし，一方，"使"は意図的ではなく，結果としてある状態を生じさせるといった静態的な事象表現向きだと指摘している。

　周（2005: 1）の指摘にあるように，"以往的致使研究是从形式到意义，比较零散，还没有从'范畴'角度进行研究。"（「これまでの使役に関する研究は構文の面から意味の面について考察されてきたが，比較的に整合性が欠け，「範疇」という角度からの研究はなかった」注5。周（2005）は認知言語学の理論のもと，認知，機能及び語用の面から中国語の使役表現を全面的に検討している。具体的には使役のスキーマと意味構造から出発し，使役表現に関わる諸要素に加え，次の8つの場合における使役の範疇を分析している。①正向致使和反向致使（正方向使役と逆方向使役），②次第致使和组元致使（順次使役とユニット使役），③主体归因，客体归因和事件归因（主体原因，客体原因，事件原因），④有意致使和无意致使（意図使役と非意図使役），⑤外向致使和返身致使（対外使役と再帰使役），⑥积极致使和消极致使（積極使役と消極使役），⑦泛力致使和非泛力致使（抽象力使役と非抽象力使役），⑧致使度（使役の度合い）。周（2005）は使役表現の諸形式を取り扱い，使役の範疇を規範することを目的としているため，個々の使役マーカーの意味・用法に着目していない。

　中国語の使役表現の構文的特徴を中心に取り扱う研究は宛（2005）が挙げられる。宛（2005）では，210万字のデータを用い，「三次元分

注5　日本語訳は筆者によるものである。

析法」（統語論，意味論，語用論）で，「前段（X）」，「中段（使役マーカー＋Y)」，「後段（Yの動作・状態）」の3つの部分に分けて詳しく考察している。宛（2005）は使役表現の諸形式を取り扱い，意味・用法に関する分析は文全体ではなく，「前段」，「中段」，「後段」のそれぞれの意味を捉えている。そのため，個々の使役マーカーの意味・用法についてはほとんど言及していない。

　“让”構文の意味・用法に関する研究は，呂叔湘主編（1992），今村（2011）が挙げられる。呂叔湘主編（1992）では，“让”は「～させる，許容する，勝手にさせる」のほかに，「願望を表す」や「受身」の意味を持つと意味解釈している。要するに，使役を表す場合は「指図的，許容的，放任的」の3つの意味・用法を持つことになる。

　今村（2011）では，主に現代中国語の使役文に用いられる類義表現の“让”と“叫”の相違を考察している。“让”の用法については，木村（2000）に基づき「指示使役文」，「放任使役文」，「誘発使役文」の3種類に分類している。

2.1.4 先行研究の問題点及び本研究の立場

　使役表現の日中対照研究には，楊（1989），孫（2001），林（2006），中島（2007）などがある。2.1.1で述べたように，従来の日中対照研究に見られる問題点は主に4つが挙げられ，それらを再掲した上で，本研究の立場を示していく。

① ここまでの研究は，日本語のみを基準に分類しているため，「这本书让我找了3年。」（直訳：この本は私に3年間探させた。）などのような中国語特有の用法や構文的特徴が見落とされており，このような意味・用法は分類に勘定されていない。本研究では対照研究という立場から，日本語と中国語の両方の言語事象を対等に取り扱うことにする。『中日対訳コーパス』や両言語それぞれのコーパスより収集した用例を分析し，「させる」構文と“让”構文の意味・用法を網羅した分類を提案する。

②これまでの多くの研究が参照している日本語の分類は，大まかに「誘発」，「許容」という 2 つの意味・用法に分けられているにとどまり，詳細な分類には十分に注目されておらず，日中両言語の異同点及び対応関係を明示する分類が行われていない。本研究では中国語話者の習得の角度から，より日中両言語の異同点及び対応関係を明示できる日本語の分類に基づき，"让"構文特有の用法も考慮した新しい分類を提案する。

③ここまでの研究は，楊（1989），孫（2001）のように「誘発」，「許容」といった使役者の視点による意味・用法の分析と並んで，使役者と被使役者の有情性といった構文的特徴，または「有情物の無意志的な動作」，「不本意の人間の非意志的な感情」といった被使役者の視点による事象の分析も行われており，分析視点に統一性が欠けている。本研究では統一した分類基準を立て，「させる」構文と "让"構文の意味・用法に基づく分類を行う。その上で，各用法について，構文的特徴を考察し対照分析を行う。

④ここまでの論考は，他動文相当の使役文や被使役者の心理を表す使役文については日中両言語が対応するとされている。例えば，楊（1989: 102）では日本語の「～を発展させる」に対し，中国語は他動文の「发展～」（発展～）と使役文の「使～发展」（～発展させる）の両方が対応できると指摘している。しかし，日本語の「社会文化を維持させる」に対応する中国語は「维持社会文化」（社会文化を維持する）であり，使役文の「*让/使社会文化维持」（社会文化を維持させる）が成立しない。本研究では先行研究で対応するとされている意味・用法について，さらに細分化して対応関係を見極める。

2.2「させる」構文と "让"構文の分類

本章では，日中対照研究という立場から，主として『中日対訳コー

24

パス』(2003)^{注6}からデータを収集する。そのほかに，必要に応じて日本語に関しては『現代日本語書き言葉均衡コーパス 少納言』のネット検索サイト「少納言」^{注7}を利用し，中国語に関しては『CCL 语料库』のネット検索サイト^{注8}を利用する。以上のコーパスより例文を収集した場合，それぞれ「中日」，「BCCWJ」，「CCL 语料库」と記す。そして，日本語と中国語の相違点や対応関係を検討するにあたり，適宜作例（コーパスの例文に少し加筆したものも含む）を加える。紙幅の都合上，中国語の例文に対応する日本語の逐語訳は所々省略することを断っておく。また，述語動詞に関わる分析では，その自他の判定について，『新明解国語辞典 第七版』，『中国語常用動詞例解辞典』を基準にする。

　本章では「させる」構文と"让"構文について意味・用法の分類を試み，さらに各々の用法について構文的特徴及び両構文の異同点と対応関係を明らかにしたい。

2.2.1 分類の方針

　使役表現の日中対照研究は，主として意味・用法と構文的特徴が注目され考察されてきた。意味・用法による分類は，表現全体の意味を統括的かつ簡潔にまとめた分類の名称が用いられ，認識・理解されやすいがために，とりわけ言語教育の領域では多用されている。一方，構文的特徴は使役者と被使役者の関係や有情性，述語の性質などの多要素が複雑に絡んでいる。そのため，構文的分析は言語研究には欠かせないものの，言語教育にとっては意味・用法の次に補足的説明として提示する必要があると考える。そこで本研究では，意味・用法に基づく分類を行った上で構文的特徴を分析することにする。そして，基本的に日中両言語の言語事象を対等に取り扱うが，次の2つの理由から日本語の分類を参考に，意味・用法に基づく分類を行うことにする。

　1つ目は，日本語では「させる」構文の意味・用法の分類に関する研

注6　『中日対訳コーパス』には中国と日本の小説，それぞれの対訳が多数収録されている。本研究では例文の出典に，日本語版を（中日『～』），中国語版を（中日《～》）と記す。
注7　URL：http://www.kotonoha.gr.jp/shonagon/
注8　URL：http://ccl.pku.edu.cn:8080/ccl_corpus/

究が多く，代表的なものに（庵（2001），森（2002），早津（2004），日本語記述文法研究会（編）（2009），高見（2011）など）がある。一方，中国語では使役表現は"让"のほかに，"叫，使，令，请"などが挙げられ，表現形式は多様であり，類義表現として各形式の使い分けや構文的特徴を中心に検討されてきたため，個々の構文の意味・用法が十分に検討されていない。したがって，研究が相対的に進んでいる日本語の分類を参照するのが有益であると考える。

　2つ目は，本研究は中国語話者の「させる」構文の習得を問題とする「言語教育のための対照研究」であるため，母語より学習者の目標言語の分類のほうがより重要視されるべきだと考える。

　「させる」構文の意味・用法について，従来の研究では様々な基準によって分類されている。例えば，使役者と被使役者の意志性に注目した村木（2001），強い意志的行為から弱い因果関係まで分析した森（2002），使役者が事態の成立への関わり（以下，本研究では「Xの事象関与」と称する。）に焦点を当てた日本語記述文法研究会（編）（2009）と高見（2011）などが挙げられる。一方，多くの研究の論述に見られるように，「させる」構文の表す意味と定義に関する主張は似通っていることが伺える。

　寺村（1982: 299）では，使役態と間接受身の共通点として，次のように指摘している。「共通するところは，ある事象に対して，その事象の外にある第三者がかかわる。そのかかわり方を示す表現だという点である。」

　日本語記述文法研究会（編）（2009: 257）では，「使役とは，対応する能動文には含まれていない人や人物を主語として，能動文の表す事態の成立に影響を与える主体（使役者）として表現するものである。」と記述している。

　高見（2011: 150）では，「使役形は，主語指示物（＝使役主）が目的語指示物（＝被使役主）に指示などするだけで，後者が自らの意志や力で当該事象を引き起こすことを表す。」と述べている。

　上記の論述から，使役者の関わり方が使役表現の軸であることが分かる。日本語記述文法研究会（2009）と高見（2011）の両者とも，「Xの事象関与」を分類基準としている。とりわけ日本語記述文法研究会（編）

(2009)は、「Xの事象関与」をさらに「直接的に関わる」、「間接的に関わる」、「積極的に関わらない」の3つに分けたうえで適宜下位分類を行っている。このような分類は、「させる」構文の異なる意味・用法がよく捉えられており、日中両言語の対応関係の分析も参考になるものが多い。

　一方、高見（2011）では「Xの事象関与」を「意図的」と「非意図的」に二分した上で、前者に対しさらに「強制、説得、指示、許容・放任」という細かい下位分類を行っている。高見（2011）の分類は、「させる」構文と"让"構文の対応関係から見ると、種類別で対応関係の違いがほぼ見られない。日本語教育の立場から考えると、分類が多ければ多いほど習得する負担が増し、学習者を混乱させる可能性が大きい。

　以上の理由で、本研究は日本語記述文法研究会（編）（2009）の5つの分類を参考に、「Xの事象関与」という基準で、「させる」構文と"让"構文の意味・用法に基づく分類を行う。

2.2.2 分類の手続き

　ここでは、使役表現の軸である「Xの事象関与」を分類基準とし、例文を用いて日中両言語の言語事象を指摘しながら、「させる」構文と"让"構文の対照研究における分類手続きを紹介する。

　本研究では、基本的に日本語記述文法研究会（編）（2009）を参照に、「Xの事象関与」に注目した分類を行うため、2.1.2で概観した日本語記述文法研究会（編）（2009）の分類を簡略化したものが次の図1である。

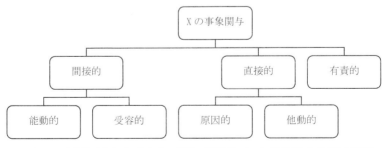

図1. 日本語記述文法研究会（編）（2009）による使役文分類の略図

日本語記述文法研究会（編）（2009）では，5つの下位分類にあたる使役文として，次のような例文を挙げている。

(6)　警察官が男を<u>止まらせた</u>。　　　　　　　　（能動的）
(7)　申請者を全員<u>入国させた</u>。　　　　　　　　（受容的）
(8)　鈴木の突然の来訪がみんなを<u>驚かせた</u>。　　（原因的）
(9)　私は車を<u>走らせた</u>。　　　　　　　　　　　（他動的）
(10)　私は飼い犬を<u>死なせた</u>。　　　　　　　　　（有責的）

　本研究では，まず分類の第1段階で両構文において，「Xの事象関与」が確認できるか否かに注目する。
　(6)〜(10)から分かるように，日本語の「させる」構文においては，すべて「Xの事象関与」が確認できる。例えば，使役者である(6)の「警察官」，(8)の「鈴木の突然の来訪」，(10)の「私」が，それぞれ「男が止まった」，「みんなが驚いた」，「飼い犬が死んだ」という結果を引き起こしたという使役者の関わりが実際に（または想定として）確認できる。
　中国語では，日本語の(6)〜(8)と完全に対応する表現で，(11)〜(13)のような"让"構文があり，同様に「Xの事象関与」が確認できる。

(11)　警察　让　男的　停下　了。　　　　　　　　（筆者訳）
　　　警察　させる　男　止まる　した
　　　警察が男を止まらせた。

(12)　让　　所有　申請者　都　　入境　了。　　　（筆者訳）
　　　させる　全部　申請者　みんな　入国　した
　　　申請者を全員入国させた。

(13)　铃木　的　突然　来访　让　　大家　大吃一惊。（筆者訳）
　　　鈴木　の　突然　来訪　させる　みんな　驚いた
　　　鈴木の突然の来訪がみんなを驚かせた。

一方，中国語では「Xの事象関与」が確認できないような“让”構文もあり，日本語の「させる」構文には見られない。

(14) a. 我 说 <u>不让 你 上树</u> 你 非 上树，你怎么那么不着调
　　　　私 言うさせない あなた 木に登る あなた それでも 木に登る
　　　　（听话之意）。瞧，扎了刺，这是毛毛虫，娘给你吹吹。
　　　　　　　　　　　　　　　　　　　　　　（中日《活动变人形》）

　　b. ほれ，<u>木登りなぞすなと言うたに，聞きわけん子オや</u>。ほれ見イ，
　　　　トゲに刺されたろうが，ああこりゃ毛虫じゃ，来イよし，母さん
　　　　吹いて進ぜよう。　　　　　　　　　　　　（中日『応報』）

(14) では，“让”構文の「我说<u>不让你上树</u>」は次のような意味を表している。使役者である「私」が「木登りをしないように」と働きかけたが，その結果「木登りする」という事態が成立したか否かは不明である。一方，後続の「你非上树」（それでも木登りした）によって，「木登りした」という使役者の働きかけに反する事態が起こった。つまり，「我说<u>不让你上树</u>」のような“让”構文では，「Xの事象関与」が確認できないと言える。

(15) a. 倪先生，你 不是 <u>让 我 给你 介绍 女朋友</u> 吗？
　　　　　　あなた じゃない させる 私 あなたに 紹介する 彼女 か

　　　你 看 此人 如何？ 她的外号叫小玲珑……＜後略＞
　　　あなた 思う この人 いかが

　　　　　　　　　　　　　　　　　　　　　　（中日《活动变人形》）

　　b. 倪先生，<u>ガールフレンドを紹介して欲しいそうね</u>，
　　　　<u>この人は如何？ 名は小玲瓏……</u>　　　（中日『応報』）

(15) では，“让”構文の「你不是<u>让我给你介绍女朋友</u>吗？」は次のよ

29

うな意味を表している。使役者である「あなた」が「彼女を紹介してほしいと私に頼んだ」と働きかけたが、その結果「私が紹介する」という事態が成立したか否かは不明のままである。後続の「この人は如何？」によって、「紹介する」という使役者の働きかけに応じた事態の成立が表されている。そこで、「你不是<u>让我给你介绍女朋友</u>吗？」のような"让"構文も、「Xの事象関与」が確認できないことが分かる。

　(14) も (15)"让"構文自体では「Xの事象関与」が確認できないため、それに後続する表現は、事態が成立する場合と成立しない場合の二つの可能性が考えられる。だとすれば、(14) (15) の表す意味と異なる事態が後続される場合、果たしてその"让"構文も依然として成立するのだろうか。

(16)　我　说　<u>不让　你　上树</u>,　你　就　不上。真听话！
　　　　私　言う　させない　あなた　木に登る　あなた　それで　登らない
　　　　木に登るなと言ったら、本当に上らなかったのね。いい子。　　（作例）

(17)　你　　不是　<u>让　我　给你　　介绍　　女朋友</u>　吗？
　　　　あなた　じゃない　させる　私　あなたに　　紹介する　彼女　　か
　　　　彼女を紹介してくれと私に頼んだじゃないですか。
　　　　<u>我　一直　没找到　　合适的</u>。
　　　　私　ずっと　見つからない　ふさわしい
　　　　やっぱり相応しい相手が見つからないの。　　　　　　　　（作例）

　(16) (17) から分かるように、この類の"让"構文自体では、「Xの事象関与」が確認できず、それに後続する表現をもってはじめて確認することができる。このような表現は「させる」構文には見られない用法であるため、「させる」構文と"让"構文の分類においては、まず「Xの事象関与」が確認できるものと確認できないものに二分できる。そこで第1段階の分類を図式でまとめると次の図2になる。

図2. 「Xの事象関与」による使役文の分類枠組み（第1段階）

　第2段階では，「確認可」については「Xの事象関与」が直接的か否か，または積極的か否か，「確認不可」については事象的か否かに注目する。

　「Xの事象関与」が「確認可」である使役文について，日本語記述文法研究会（編）（2009）の分類を踏襲し，Xの事象関与を「間接的」，「直接的」，「有責的」（積極的に関わらない）の3タイプに分ける。ここでは日本語記述文法研究会（編）（2009）の記述を引用し，3タイプの性質について説明する。

　「Xの事象関与」が「間接的」である使役文は，「息子に掃除を<u>手伝わせた</u>」のように，「使役者が事態の実現にむけて直接的に働きかけを行うのではなく，ことばや身ぶりを用いて，間接的に事態の成立に関与するというものである。」（日本語記述文法研究会（編）2009: 262）

　「Xの事象関与」が「直接的」である使役文は，「両親をずいぶん<u>心配させた</u>。」のように，「ある事態が要因やきっかけとなって別の事態が引き起こされることを述べるものである。ある事態が起き，その事態が原因となって後続する事態が直接的に引き起こされたという意味で，2つの事態は強い因果関係で結ばれている。」（日本語記述文法研究会（編）2009: 266）

　「Xの事象関与」が「有責的」である「させる」構文は，「田中さんはバイク事故で息子にけがを<u>させた</u>。」のように，「使役者が被使役者に対して働きかけるのではなく，被使役者の側で自然発生的に出来事が起こり，結果として，起きた事態が使役者にも関係をもつような場合にも使役文が用いられることがある。」（日本語記述文法研究会（編）2009: 269）

次に,「Xの事象関与」が「確認不可」の場合を見ていく。「Xの事象関与」が「確認不可」であるのは次の (18) (19) のようなもので, "让"構文に特有の用法であり,「させる」構文には見られない。

(18)　让　　她　　去　了，　可　　她　　没去。　　　　　（作例）
　　　させる 彼女　行く　した　しかし　彼女　行かなかった
　　　彼女に行くように言ったが、彼女は行かなかった。

(19)　前面　　不让　　右拐，　　直　　　走吧。　　　　　（作例）
　　　この先 させない　右折　　まっすぐ　行こう
　　　この先右折禁止だから、まっすぐ行こう。

　荒川（1977），楊（1989）では (18) のような "让"構文を「間接命令」を表すものとしている。これは (14) (15) と同じく,「Xの事象関与」が「確認不可」である。(19) のような表現は従来の日中対照研究では取り扱われていない。その "让"構文の構文的特徴及び表す事象は (18) と似通っているが,異なる点もある。(18) の「让她去了」は,使役者の実質的な働きかけを表す事象的描写である。これに対し,(19) の「前面不让右拐」は,使役者の実際的な働きかけではなく,ある種の行為規定を表す属性的描写である。よって,「前面不让右拐」を叙述文の「前面是不让右拐的」(この先は右折が禁止されているの)に言い換えることも可能である。(18) (19) のような "让"構文に対し,日本語では「ように言う／頼むなど」,「できる／禁止など」といった表現に対応する。よって,「Xの事象関与が確認不可」に対し,さらに「事象的」と「属性的」という下位分類を設けて分けることにする。
　以上,「Xの事象関与」が「確認できる」と「確認できない」使役文における下位分類を検討した。第 2 段階までの分類をまとめると次の図3になる。

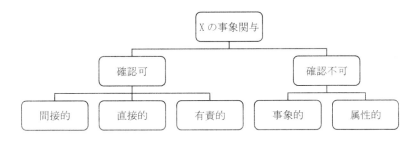

図 3.「X の事象関与」による使役文の分類枠組み（第 2 段階）

　第 3 段階では，主に「確認可＋直接的」について，「X の事象関与」が「対他的」か否かに注目する。

　まず，「X の事象関与」が「確認可＋間接的」である使役文について，日本語記述文法研究会（編）(2009) では被使役者が事態の実現を望んでいる場合の「能動的使役文」と，望んでいない場合の「受容的使役文」の 2 タイプに分けている。例文はそれぞれ (20) (21) に当たる。中国語の“让”構文にも，(22) (23) が示すように，同様の言語現象が見られる。

(20)　母は子供たちに言いつけて，(子どもたちに) 窓ガラスを磨かせた。

　　　　　　　　　　（日本語記述文法研究会（編）2009: 263 の例文）

(21)　社長は希望どおり従業員に休みをとらせた。

　　　　　　　　　　（日本語記述文法研究会（編）2009: 264 の例文）

(22)　母亲　吩咐　　孩子，让　　孩子　擦　窗户 玻璃。(筆者訳)
　　　母　　言いつける 子供　させる 子供　磨く 窓　ガラス

(23)　社长　按　　职工　　要求，让　　　职工　休假了。　（筆者訳）
　　　社長　従う 従業員 希望　させる 従業員 休んだ

上記のように，意味上においては実際に「能動的使役文」と「受容的使役文」の 2 タイプに分けられるが，日中対照研究の立場から，両者を区別しないほうがいいと考えられる。その理由は次の 2 つである。

　1 つの理由は両者が文脈なしの場合，構文上と意味上における相違が見られない点にある。例えば (20) (21) の被使役者の希望が省略された (24) (25) を見てみよう。さらに一定の文脈を付け加えた (26) (27) も参照されたい。

(24)　母は子供たちに窓ガラスを磨かせた。　　　　　　　　　（作例）

(25)　社長は従業員に休みをとらせた。　　　　　　　　　　　（作例）

(26)　学校で家事を手伝いなさいという宿題が出されたため，母はその要望どおり子供たちに窓ガラスを磨かせた。　　　　　（作例）

(27)　最近会社が暇すぎたので，社長は仕方なく従業員に言いつけて休みをとらせた。　　　　　　　　　　　　　　　　　　（作例）

　文脈なしの (24) (25) のような使役表現だけでは，構文上においても，意味上においても両者の違いが全く見られず，被使役者が事態を望んでいるか否かの判定ができない。(24) (25) に一定の文脈を付け加えた (20) (27) の「能動的使役文」にすることもできれば，(21) (26) の「受容的使役文」にすることもできる。

　もう 1 つの理由は，「させる」構文と“让”構文が，意味上においても構文上においても対応している点にある。(24) (25) に対応する中国語の (28) (29) も，日本語と同じく一定の文脈を付け加えることによって，はじめて「能動的使役文」と「受容的使役文」という 2 つの意味・用法が読み取れる。

(28) 母亲　让　　孩子　擦　　窗戶　玻璃。　　　　　　（作例）
　　　母　　させる　子供　磨く　窓　　ガラス
　　　母親は子供に窓ガラスを磨かせる。

(29) 社长　让　　职工　休假。　　　　　　　　　　　（作例）
　　　社長　させる　従業員　休んだ
　　　社長は従業員を休ませた。

　　よって，本研究では，「能動的使役文」と「受容的使役文」の融合した形を，「指示・許容的」と名付ける。「能動的」，「受容的」を「指示・許容的」に言い換えたのは，両者が表す視点が相反するためである。「能動的」，「受容的」は被使役者の視点に立っている。それに対し，本研究は「Ｘの事象関与」を分類の基準としているため，Ｘである使役者の視点に立つ「指示・許容的」に統一することにした。

　　次に，「Ｘの事象関与」が「確認可＋直接的」である使役文について，日本語記述文法研究会（編）(2009) では被使役者の心理的変化をもたらす「原因的使役文」と，自動詞から作られる他動詞相当の「他動的使役文」の２タイプに分けている。(30) は前者の例として，(31) (32) は後者の例として挙げられている。

(30) 私は母を泣かせてしまった。
　　　　　　　　　　　　（日本語記述文法研究会（編）2009：263 の例文）

(31) 改装が建物を再びよみがえらせた。
　　　　　　　　　　　　（日本語記述文法研究会（編）2009：263 の例文）

(32) 鈴木は足をすべらせて，転んだ。
　　　　　　　　　　　　（日本語記述文法研究会（編）2009：263 の例文）

　　一方，中国語の "让" 構文においては，(30) (31) のような用法は見ら

れるが，(32) の用法は見られない。興味深いことに，日本語の他動詞文相当の (32) に対し，基本的に中国語では (33) のような自動詞文で対応させる。

(33)　铃木　脚　一滑，摔倒　了。　　　　　　　　　（筆者訳）
　　　鈴木　足　滑って　倒れる　した
　　　鈴木は足をすべらせて，転んだ。

　このような「他動詞文相当」対「自動詞文」の対応関係をなすのはなぜだろうか。そこで (30) (31) との比較を通して検討したい。(30) (31) ではそれぞれ使役者は「私」と「改装」で，被使役者は「母」と「建物」であり，X と Y の関係は「対他的」と言える。一方，(32) の使役者は「鈴木」で，被使役者は「鈴木」の身体の一部である「足」であり，X と Y の関係は「対自的」と言える。ようするに (32) のような使役表現は「再帰的」なものに当たる。そこで，本研究では日中対応関係を考慮し，「X の事象関与」の「確認可＋直接的」に関して，「対他的」と「対自的」という下位分類を設けることにする。
　それから，「X の事象関与」が「確認可＋有責的」である使役文について，日本語記述文法研究会（編）（2009）では例文として (34) (35) が挙げられている。

(34)　私は飼い犬を死なせた。
　　　　　　　　　（日本語記述文法研究会（編）2009：269 の例文）

(35)　私は不注意で水道管を破裂させた。
　　　　　　　　　（日本語記述文法研究会（編）2009：269 の例文）

「有責的」においては，"让" 構文にはこの類の用法が見られず，それに対応する中国語は自動詞文か他動詞文になる。そのため，さらに下位分類を行う必要がない。

　「X の事象関与」が「確認不可＋事象的」と「確認不可＋属性的」に関しては，「有責的」と同様に，「させる」構文にはこの類の用法が見られないため，さらに下位分類を行う必要がない。

　以上の分析をもって，第 3 段階までの分類をまとめると次の図 4 になる。

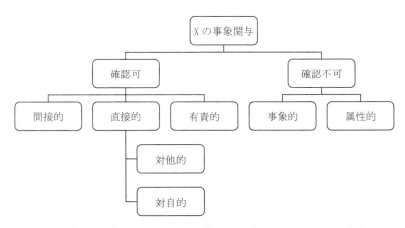

図 4. 「X の事象関与」による使役表現の分類枠組み（第 3 段階）

　第 4 段階では，主に「確認可＋直接的＋対他的」について，「X の事象関与」が誘発した事象の性質（心理，状態，動作）に注目する。

　「確認可＋直接的＋対自的」に関しては，「させる」構文と "让" 構文が対応しないため，下位分類を行わないことにする。「確認可＋直接的＋対他的」に関しては，日本語では上述したように，被使役者の心理変化をもたらす「原因的使役文」と他動詞相当の「他動的使役文」がある。(36) の「原因的使役文」では，使役者の「私」が被使役者の「母」に対して，「泣いた」という心理感情を引き起こした事象を，そして，(37) の「他動的使役文」では，使役者の「改装」が被使役者の「建物」に対して，「よみがえる」という状態を引き起こした事象を表している。

(36) 私は母を泣かせてしまった。　　　　　　　　（(30) の再掲）

(37) 改装が建物を再びよみがえらせた。　　　　　（(31) の再掲）

　一方，中国語ではこの 2 タイプのほかに，(38) のような“让”構文もある。(38) は，使役者の「本」が，被使役者の「私」に対して，「本を 3 年間探した」という動作を引き起した事象を表している。

(38)　这本　书　　让　　我　找了　3 年。　　　　　（CCL 语料库）
　　　この　　本　させる　私　探す　3 年
　　　私はこの本を 3 年間も探しました

　したがって，「確認可＋直接的＋対他的」に対して，「X の事象関与」が「心理誘発的」，「状態誘発的」，「動作誘発的」の 3 タイプに分けられる。そこで，第 4 段階までの分類をまとめると，「させる」構文と“让”構文の分類は最終的に次の図 5 のようになる。

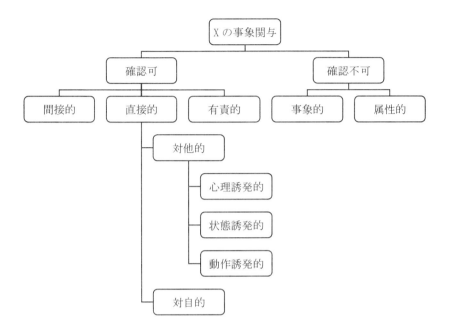

図 5. 「X の事象関与」による使役表現の分類枠組み（第 4 段階）

2.2.3 分類の結果

　本研究では，図 5 の「X の事象関与」を基準にした分類の枠組みに従い，「させる」構文と "让" 構文の意味・用法を表 2 の通りに仮に名づける。そして，各用法の文構造を提示し，簡潔な作例を挙げておく。

表 2. 「させる」構文と "让" 構文の分類

X の事象関与				意味・用法
確認可	間接的	—	—	① 指示・許容的
	直接的	対外的	心理誘発	② 心理誘発的
			状態誘発	③ 他動的
			動作誘発	④ 客体原因的
		対自的	—	⑤ 再帰的
	有責的	—	—	⑥ 有責的
確認不可	事象的	—	—	⑦ 間接命令的
	属性的	—	—	⑧ 行為規定的

（注：ゴシック体の箇所は日本語記述文法研究会（編）（2009）と異なる点である。）

①指示・許容的

　　日本語：X(指示・許容者)は/が＋Y(被指示・許容者)に/を＋V(行為)させる

　　中国語：X(指示・許容者)　＋　让　＋　Y(被指示・許容者)　＋　V(行為)

(39)　母親は毎週子供に自分の部屋を掃除させている。　　　　（作例）

(40)　母親は子供の希望とおり公園で遊ばせた。　　　　　　　（作例）

②心理誘発的

　　日本語：X(心理起因)は/が　＋　Y(心理主)を　＋　V(心理)させる

　　中国語：X(心理起因)　＋　让　＋　Y(心理主)　＋　V(心理)

(41)　彼の一言がみんなをびっくりさせた。　　　　　　　　　（作例）

(42)　他的话　让　　人　听了　不敢相信。　　　　　　　　（作例）
　　　彼の話　させる　人　聞くと　信じられない
　　　彼から信じられない話を聞いた。

40

③他動的

    日本語：X(他動主) は / が ＋ Y(他動対象) を ＋ V(動作 / 変化) させる

    中国語：X(他動主) ＋ 让 ＋ Y(他動対象) ＋ V(動作 / 変化)

(43)　太郎が車を<u>走らせた</u>。　　　　　　　　　　　　　　（作例）

(44)　あの政策が経済を<u>成長させた</u>。　　　　　　　　　（作例）

④客体原因的

    日本語：なし

    中国語：X(動作対象) ＋ 让 ＋ Y(動作主) ＋ V(動作 / 変化) ＋ 期間 / 回数

(45)　这篇文章　**让**　　他　读了　四、五遍。　　　　（作例）
　　　 この文章　させる　彼　読んだ　四、五回
　　　 彼はこの文章を四、五回も読んだ。

⑤再帰的

    日本語：X(人 / 物の全体) は / が ＋ Y(人 / 物の部分) を ＋ V(動作 / 変化) させる

    中国語：なし

(46)　彼女は<u>足を滑らせた</u>。　　　　　　　　　　　　　（作例）

(47)　庭の桜が<u>花を咲かせている</u>。　　　　　　　　　　（作例）

⑥有責的

    日本語：X(管轄者) は / が ＋ Y(被管轄者) を ＋ V(変化) させる

    中国語：なし

(48)　父親は事故で<u>息子を死なせた</u>。　　　　　　　　　（作例）

41

(49)　不注意でご飯を<u>腐らせた</u>。　　　　　　　　　　　　（作例）

⑦間接命令的
　　日本語：なし
　　中国語：X(命令者) ＋ 让 ＋ Y(被命令者) ＋ V(行為)

(50)　老板　<u>让　他　去</u>　出差，他没去。　　　　　　　（作例）
　　　社長　させる　彼　行く　出張する
　　　社長が彼に出張に行くように指示したが，彼は行かなかった。

⑧行為規定的
　　日本語：なし
　　中国語：X(場所) ＋ 让 ＋ V(行為)

(51)　车厢　<u>不让　　吸烟</u>。　　　　　　　　　　　　　　（作例）
　　　車両の中　させない　喫煙する
　　　車両の中では，喫煙できない。

　本研究で提案した「させる」構文と“让”構文の分類は，次の3点において従来の日中対照研究と相違する。
　1点目は，分類が「Xの事象関与」という統一した基準を設けたことであり，両構文の対応関係によって段階的に下位分類を行っている。
　2点目は，中国語の“让”構文に特有の用法も視野に入れ，両構文の意味・用法を網羅している。“让”構文に特有の用法は次の通りである。④客体原因的（这篇文章<u>让他读了</u>两三遍。）と，荒川（1977）で検討されている命令の間接化に相当する⑦間接命令的（老板<u>让他去</u>出差，他没去。），⑧行為規定的（车厢<u>不让吸烟</u>。）である。
　3点目は，両言語の対応関係を重要視し，先行研究による「させる」構文の分類を融合させたり，分けたりした。具体的に，日本語記述文法研究会（編）（2009）の「能動的使役文」と「受容的使役文」に関して，

日中両言語が対応しているため，両者を「指示・許容的」と融合させた。「他動的使役文」に関して，「太郎が<u>車を走らせた</u>。」のような表現と，「<u>彼女は足を滑らせた</u>」のような表現に対応する中国語は，大きく他動文と自動文に分けられるため，両者を「他動的」，「再帰的」と分けた。

　上記の分類結果から，「させる」構文も "让" 構文も用法は多岐にわたり，両構文に共通する意味・用法と共通しない意味・用法があることが分かった。次節で用法別に使役文の意味，構文的特徴及び日本語と中国語の対応関係を詳しく考察していく。

2.3「させる」構文と "让" 構文に共通する意味・用法

　「させる」構文と "让" 構文が共通する意味・用法は，「指示・許容的」，「心理誘発的」，「他動的」の 3 つである。従来の日中対照研究（楊1989，中島 2007，高橋 2012 など）では，主に日中両言語で共通しない意味・用法における相違点が注目されてきた。しかし，共通する意味・用法においては両構文が必ずしも完全に対応しているとは限らない。例えば日本語では「他動的」使役文の「人は社会文化を<u>維持させている</u>。」は成立するが，中国語ではこのような "让" 構文が成立しない。そこで，本節では「指示・許容的」，「心理誘発的」，「他動的」の順で，共通する意味・用法について，「させる」構文と "让" 構文の類似点と相違点，及び対応関係を明らかにしたい。

2.3.1「指示・許容的」用法

　「指示・許容的」使役文は使役者の言葉やジェスチャーによる意図的な指示または許可・放任を受け，被使役者が能動的にある行為を実行するという事象を表す。「指示・許容的」は使役文の中心的なタイプで，「Xの事象関与」は「確認可＋間接的」である。この用法は基本的に，使役者も被使役者も人間であり，述語は「書く，読む，行く，勉強する，掃除する」のような意志性をもつ動作動詞を取る。

　「指示・許容的」使役文は，人による人への指示や許可を表すため，使役者と被使役者の関係は大きく「上対下」，「同等関係」，「下対上」

の 3 パターンあると考える。また，その指示や許可が使役者にとって恩恵的である場合とそうでない場合が考えられる。そこで，「待遇恩恵的制限ありの場合」と「待遇恩恵的制限なしの場合」に分け，「させる」構文と"让"構文の異同を考察していく。

2.3.1.1 待遇恩恵的制限ありの場合

　一般的に，「指示」，「許容」という言葉から分かるように，使役者の身分や地位が相対的に上にあり，被使役者は相対的に下にあることが読み取れる。それで「指示・許容的」使役文では，使役者と被使役者の関係が「親」対「子」，「先生」対「生徒」，「医者」対「患者」，「上司」対「部下」であることが多い（同等関係の場合もある）。このような使役文は待遇的制限（被使役者は目上ではない）があり，または恩恵的（使役者にとっての）意味合いを伴わない。よって，「上対下」または「同等関係」という使役者と被使役者の関係により待遇恩恵的制限が生じる。

(52)　a. 三度の食事はとにかく子供に運ばせたが，＜後略＞（中日『応報』）

　　　 b. 只是每天三顿饭 让　　　孩子　端过　一些　　东西　给丈夫。
　　　　　　　　　　　　 させる 子供　運ぶ　多少　　食べ物 旦那に
　　　　　　　　　　　　　　　　　　　　　　　（中日《活动变人形》）

(53)　a. インドに長く進出しているある日本の会社で，インドの技師の中で成績優秀なのを数人えらんで，本国に見学旅行をさせた。
　　　　　　　　　　　　　　　　　　　　　　　（中日『適応の条件』）

　　　 b. 一家长年在印度开展业务的日本公司，从印度工程师中选拔出几名成绩卓著者，让　他们　到日本　去　　参观　旅行。
　　　　　　　　　　　　　　　　させる 彼ら　日本に　行く　見学　旅行
　　　　　　　　　　　　　　　　　　　　　　　（中日《适应的条件》）

44

(52) は「母親」（省略されている）が「子供」に「食事を運ぶ」という指示を，(53) は「会社」が「社員」に「見学旅行をする」という指示を出したことを表している。これに対し，次の (54) は「親」が「子供」に「結婚してはいけない」という不許可を，(55) は「聞き手」が「私」に「こうしてもいい」という放任の許可を出したことを表している。また，日本語記述文法研究会（編）（2009: 264-265）の記述のように，日本語では「使役の動詞に授受の補助動詞を付加させた「てやる」，「てもらう」，「てくれる」などの文では，許可の意味が強く示される。」，「放任的な意味を表す受容的使役文では，使役の動詞に「ておく」をつけると，放任の意味を明確に示すことができる。」

(54)　a. お前がこの土地にいる間は，誰とも結婚させない。（中日『雪国』）

　　　b. 只要我呆在这里,他　就决　不 让　我 同 别人 結婚。（中日《雪国》）
　　　　　　　　　　　　　彼 決して させない 私 と 他人　結婚

(55)　a.「いいんです。ただ、こうさせておいて下さい、暫く」

　　　　　　　　　　　　　　　　　　　（中日『あした来る人』）

　　　b."不要紧。让　　我　这么　呆一　会儿　就可以的。"
　　　　　　　　 させる 私　こう いる　　暫く

　　　　　　　　　　　　　　　　　　　（中日《情系明天》）

(52) 〜 (55) はいずれも待遇的制限があり，恩恵的意味合いが取れない。例文の日本語と中国語の対訳が示すように，「指示・許容的」使役文で待遇恩恵的制限がある場合，先行研究で指摘されているように「させる」構文と"让"構文は基本的に対応している。

2.3.1.2 待遇恩恵的制限なしの場合

中国語では，待遇恩恵的制限ありの「指示・許容的」使役文に対し，

使役者は身分や地位が相対的に下にあり，被使役者は相対的に上にある
"让"構文も成立する。次の (56a) (57a) (58a) を見てみよう。

(56)　a. 得往区里反映反映，<u>让　　领导　亲自　来</u>，帮咱们一块儿给他治病。
　　　　　　　　　　　　させる 指導者 自ら　来る

　　　　　　　　　　　　　　　　　　　　　　　（中日《活動変人形》）

　　　b. 区に報告して<u>指導者じきじきに来てもらって</u>いっしょにあれ
　　　　の病気をなおすことにしたらいい。　　　　　（中日『応報』）

(57)　a. 大泉哥俩在地里刨下一个树根，你都背不回家，
　　　　　还得　让　二林 到　半路上　接　　你。
　　　　　べき させる 二林 行く 途中で　迎える 君

　　　　　　　　　　　　　　　　　　　　　　　（中日《金光大道》）

　　　b. 大泉さんと畑で樹の根っこを掘ったときにも，あんたはかついで
　　　　帰れねえで，<u>途中で二林にかわってもらう</u>始末だったじゃねえか。
　　　　　　　　　　　　　　　　　　　　　　　（中日『輝ける道』）

(58)　a. "你找小学校的姜老师呀！
　　　　<u>让　　他　编个　能表达　咱们 心意的 词句，写　在大红纸上</u>。"
　　　　させる 彼　作る　表せる 俺たち 気持ち 言葉　書く 赤い紙に

　　　　　　　　　　　　　　　　　　　　　　　（中日《金光大道》）

　　　b. 「小学校の姜先生に頼むんだな。<u>先生に，おれたちの気持に</u>
　　　　<u>ぴったりの言葉をえらんで，赤い紙に書いてもらってくれ</u>」

　　　　　　　　　　　　　　　　　　　　　　　（中日『輝ける道』）

(56a) では，使役者と被使役者はそれぞれ「話し手」と「指導者」で，
両者の関係は「下対上」である。また (57a) では，「かついで帰れねえ」
ため，「話し手」が被使役者の「二林」に頼んで，「かわってもらう」と

46

いう恩恵的な意味合いが読み取れる。さらに (58a) では，身分や地位が
上である被使役者の「姜先生」に頼んで，「書いてもらう」という「恩恵的」
の意味合いが読みとれる。(56) 〜 (58) の日本語と中国語の対訳が示す
ように，このような“让”構文は，待遇恩恵的制限がなく，日本語では
「させる」構文ではなく，「てもらう」構文で対応する。

　したがって，「指示・許容的」使役文については，次のようにまとめ
ることができる。「させる」構文と“让”構文の類似点は，待遇恩恵的
制限ありの指示や許可を表すことができる。相違点は“让”構文が待遇
恩恵的制限なしの指示や許可を表すことができるが，「させる」構文は
できない。そして「させる」構文には，待遇的制限があるため，被使役
者の動作を表す述語動詞に，尊敬語を用いることはない。両構文の対応
関係をまとめると次の表 3 になる。

表 3.「指示・許容的」における「させる」構文と“让”構文の対応関係

指示・許容的	させる	让	対応
待遇恩恵制限あり	○	○	する
待遇恩恵制限なし	×(てもらう)	○	しない

（○:成立する，×:成立しない，△:成立する場合としない場合がある，以下同様。）

2.3.2「心理誘発的」用法

　「心理誘発的」使役文は使役者が被使役者の無意志的な感情や思考 (意
志性があっても非常に低い) といった心的活動を引き起こす事象を表す。
「X の事象関与」は「確認可＋直接的＋対外的」である。この用法は基
本的に，使役者は人か事柄で，被使役者は人で，述語は「喜ぶ，驚く，
感動する，考える」のような心的活動を表す動詞を取る。

　人の心的活動を表す表現として，(59) (60) のように単なる心理活動で
表されることもあれば，(61) (62) のように心的活動の起因として，外界
の刺激への認識または感知の過程も合わせて表されることもある。

(59) a. 曽根もいつか酔いが身体に回るのを感じた。

(中日『あした来る人』)

b. 不覚之间，曽根也 感到 头重 脚轻。 （中日《情系明天》）
感じる 頭重い 足軽い

(60) a. お母さまは、私の事ばかり心配していらっしゃる。

（中日『斜陽』）

b. 然而 母亲 却只 顾着 担心 我的 事。（中日《斜阳》）
しかし 母 ばかり 気にする 心配する 私の こと

(61) a. 私は彼の様子を見て漸く安心しました。 （中日『こころ』）

b. 我 看见 他 这副窘样，便慢慢 放下心来。 （中日《心》）
私 見て 彼 この様子 徐々に 安心してきた

(62) a. こういうことは考えて見たばかりでも、実に悲しい、腹立たしい。
（中日『破戒』）

b. 光是 想到 这一点 都 感到 可悲 又 可气。（中日《破戒》）
ただ 考える このこと と 感じる 悲しい 又 腹立たしい

「心理誘発的」使役文の補文として，(59) (60) のような単なる心理活動が用いられる文と，(61) (62) のような「認知 / 感知＋心理」動詞が用いられる文の両方が考えられる。ここでは，まず単なる心理活動が用いられる場合から見ていく。

2.3.2.1 単なる心理活動を表す場合

使役文の述語が単なる心理活動を表す場合，中島（2007: 127）では「疲

48

労が却って彼女を<u>興奮させた</u>」のような「させる」構文に対応する中国語は“使”構文であると指摘している。“让”構文との対応関係については，楊（1989）では詳しく検討されていないが，中島（2007: 127-128）では(63) (64) を挙げ，「“她”（彼女）は“兴奋”（興奮する）という感情を経験する経験者であるから，有生名詞であっても非意志的である。」と説明し，「使役者，被使役者が非意志的な場合，中国語においては“让”構文は成り立たない」と結論付けている。しかし，中国語話者にとって，(63) (64) の自然さ判定には疑問が感じられ，両方とも非文ではないと考える。実際にこのような“让”構文の用例は話し言葉においても書き言葉においてもよく見られる。

(63)　a. * 疲劳 反而　　<u>让　　她　兴奋</u>。　　　（中島 2007 の例文）
　　　　　 疲労　逆に　させる　彼女　興奮する

　　　b. 疲劳 反而　<u>使　　她　兴奋</u>。
　　　　　 疲労　逆に　させる　彼女　興奮する

　　　c. 疲労が却って彼女を<u>興奮させた</u>。

(64)　a. ? 我也许会发火, 还会　<u>让　　你　为难</u>。（中島 2007 の例文）
　　　　　　　　　　　　 そして　させる　あなた　困る

　　　b. 我也许会发火, 还会　<u>使　　你　为难</u>。
　　　　　　　　　　　　 そして　させる　あなた　困る

　　　c. 私は怒り，<u>お前を困らす</u>事もあるだろうが。

　中島（1994）の論考に対し，孫（2001: 27）では「「讓」構文は立派に成り立っているし，例に挙げられた「我也許会発火，還会讓你為難」も非文ではないことがあきらかなのである。」と反論している。孫（2001）

は「日本文法大辞典」の分類基準のもとで，新潮文庫，朝日新聞，日中辞書と文法参考書の用例を考察し，「人間の非意志的な感情・心理状態を悪い方向に変化させてしまう」場合，「させる」と「令，使，让，叫」のいずれも対応しているという結論を導いた。ただし孫（2001）では，悪い方向に変化する感情・心理状態のみが考察対象とされているが，本研究では「分かる，感動する，感激する」のような動詞が用いられる表現も「心理誘発的」と見なす。そして，どのような場合に「させる」構文と"让"構文が対応し，どのような場合に両構文が対応しないのかは孫（2001）では詳しく検討されていない。以下，日本語と中国語の対訳を対照分析し，両構文の対応関係を考察する。

(65)　a. 我忘不了我们同学的日子,不忍心让　你 失望 而归。（中日《人啊,人》）
　　　　　　　　　　　　　させる 君 失望 帰る

　　　b. おれは在学中の日々を忘れられず、君を失望させて帰すに忍びなかった 。　　　　　　　　　　（中日『ああ，人間よ』）

(66)　a. 让　　　孙悦　了解,我是一个有气度的人。　（中日《人啊,人》）
　　　　させる　孫悦　分かる

　　　b. 孫悦に，私だって気概があるってことを分からせてやるわ 。
　　　　　　　　　　　　　　　　　　　　　　（中日『ああ，人間よ』）

　(65) では使役者である「おれ」が被使役者である「君」に「失望する」という悪い方向の心的活動を引き起こすことを表している。一方，(66) では使役者である「私」が被使役者である「孫悦」に「分かる」という良い方向の心的活動を引き起こすことを表している。(65) (66) が示すように，心的活動の性質を問わず，「させる」構文と"让"構文が対応している。(65) (66) の被使役者はそれぞれ二人称と三人称を取っているが，一人称の場合も同様に両構文が対応しているのだろうか。

(67) a. この淋しい谷に見る人間の道具の跡は，私を戦慄させた。

　　　　　　　　　　　　　　　　　　　　　　　（中日《野火》）

　　 b. 在偏僻的山谷里，还能见到人们使用工具的痕迹，
　　　　让　　我　不寒而栗。
　　　　させる 私　戦慄する　　　　　　　　　（中日『野火』）

(68) a. それは私が今生きていることを肯定するという意味で，私に
　　　　一種の誇りを感じさせたのである。　　　（中日『野火』）

　　 b. 在肯定我现在还活着这种意义上，
　　　　它　也　让　我 感到　一种 自豪感。
　　　　それ も させる 私 感じる 一種 誇り　　（中日《野火》）

　佐治（1992）では，日本語について「「このことは私を感動させた」」のような，非情物が使役者で，人が被使役者になる言い方は，いわゆるバタくさい言い方であって，外国語直訳調の感じがする」と指摘されている。一方中国語では，そのような違和感が全くないため，被使役者は一人称である "让" 構文はよく用いられている。このような両構文の使用制限の違いにより，被使役者は一人称である "让" 構文に対応する日本語は，(67a)(68a) のような「させる」構文も見られるが，基本的に(69b)(70b) ような能動文になる。

(69) a. 她们这么放心王建军跟我们在一起，让　我们 感动, 心里暖暖的。
　　　　　　　　　　　　　　　させる 私達 感動する 心暖かい
　　　　　　　　　　　　　　　　　　　（中日《插队的故事》）

　　 b. 王建軍がわれわれと一緒にいることに安心しきっている彼女
　　　　たちの態度に私たちは感動し，心が暖かくなるのを覚えた。
　　　　　　　　　　　　　　　　　　（中日『遥かなる大地』）

c. ? 王建軍がわれわれと一緒にいることに安心しきっている彼
　女たちの態度が私たちを感動させ，心を暖かくさせた。

（作例）

(70) a. 即使我对他已有认识，他这种举动，还是 让　我　　吃了一惊，
　　　　　　　　　　　　　　　　　　　　させる　私　びっくりした
　　　　　　　　　　　　　　　　　　　　　（中日《天云山传奇》）

b. 彼についてはよく分っているつもりだったが，この行動には
　全く驚いた。　　　　　　　　　　　（中日『天雲山伝奇』）

c. ? 彼についてはよく分っているつもりだったが，この行動が
　私を全く驚せた。　　　　　　　　　　　　　　（作例）

　また中国語では，被使役者が「人／人们」（人／人々）の"让"構文
もよく用いられる。「让人＋心理動詞」という構文で，一人称に相当す
る話し手の心的活動を表す。日本語では基本的に「させる」構文に対応
せず，能動文に対応する。

(71) a. 按中国人的理解，用的不够贴切，
　　　但这种文化的保存 让　人　又惊 又喜。
　　　　　　　　　　　させる人　驚き 喜び　　（中日《中日飞鸿》）

b. 中国人の理解では，あまり適切でない使い方だが，この種の
　文化の保存は驚き，喜ばしい。　　　　（中日『日中飛鴻』）

c. ? 中国人の理解では，あまり適切でない使い方だが，この種
　の文化の保存は人々を驚かせ，喜ばせた。　　　（作例）

(72) a. 这事有点 <u>让 人 难以相信</u>，众人一时都不敢上前。
　　　　　　　させる　人　信じがたい　　　　（中日《插队的故事》）

　　b. 人々はこれを<u>見て信じられず</u>，すぐには近づけなかった。
　　　　　　　　　　　　　　　　　　　　　　（中日『遥かなる大地』）

　　c. ?<u>このことは人々を信じがたくさせ</u>，人々はすぐには近づけ
　　　なかった。　　　　　　　　　　　　　　　　　　　（作例）

　以上の分析を通し，単なる心理活動を表す「心理誘発的」使役文について，次の見解が得られた。

　被使役者の人称によって，「させる」構文と"让"構文の対応関係が異なる。被使役者が二人称，三人称の場合，両構文とも成り立ち，対応している。被使役者は一人称（一人称に相当する「人 / 人々」を含む）の場合，"让"構文が成り立つ。一方，「させる」構文も成り立つ場合もあるが，不自然に感じられることが多い。

2.3.2.2 感知心理活動を表す場合

　従来の日中対照研究では，単なる心理活動を表す「心理誘発的」表現について考察されてきた。しかし心理活動の起因として，外界の刺激への認識または感知の過程も表される「感知心理活動」を表す (73a) (74a) のような"让"構文については言及されていない。

(73) a. 她们一遍又一遍地唱下去，一天又一天地唱下去，也许是一代又
　　　一代地 唱下去，<u>让 你 听了 想 上吊</u>。
　　　　　　　　　　　させる あなた 聞いてしたい 首を吊る
　　　　　　　　　　　　　　　　　　　　　　（中日《活动变人形》）

　　b. 母と伯母は日に何回も、何日も歌いつづけ、もしかすると何代も
　　　歌いつづける気だ。あの歌を<u>聞くと首でも吊って死にたくなる</u>。
　　　　　　　　　　　　　　　　　　　　　　　（中日『応報』）

c. * 母と伯母は日に何回も、何日も歌いつづけ、もしかすると何代も
　　歌いつづける気だ。あの歌を聞くと首でも吊って死にたくさせる。

（作例）

(74) a. 他是绷紧了肌肉和神经而笑的。让　人　看着　　觉得　难以忍受。
　　　　　　　　　　　　　　　させる 人 見ていて 感じる 非常に辛い
　　　　　　　　　　　　　　　　　（中日《关于女人》）

b. 顔の筋肉は硬ばり、全身の神経をビリビリさせながらの笑い
　 ながら、見ている方が辛くなる。　　（中日『女の人について』）

c. 顔の筋肉は硬ばり、全身の神経をビリビリさせながらの笑い
　 なので、見ている方を辛くさせる。

（作例）

(73a) (74a) では，それぞれ「母と伯母の歌」，「彼の笑い」が原因で，
被使役者の「死にたい」，「辛くなる」という心的活動を誘発したとい
う事象を表している。その心的活動の前提となる「聞く」，「見る」とい
う感知の過程も提示されている。このように中国語では「聞くと悲しい，
見るとびっくりする，思い出すと嬉しい」のような「感知心理活動」を
表す“让”構文が成り立つ。これに対し，日本語では，(73c) が示すよ
うに「させる」構文で対応することができず，自動詞文で対応すること
になる。
　一方, (74) では, 被使役者の「辛くなる」という心的活動も, そして「見
る」という感知の過程も文中に出現している。しかし，述語動詞は「辛
くなる」という「単なる心理活動」を取っており，「見ている」という
感知の過程は被使役者の連用修飾に用いられている。また，(74c) のよ
うに「させる」構文も成り立つが，心的活動の前提となる感知の過程は
被使役者の連用修飾節で示す必要がある。
　(73) (74) について，一つ留意しておくべき点がある。それは被使役者

の人称問題である。被使役者が一人称を取る場合，「単なる心理活動」
を表す「させる」構文と“让”構文が基本的に対応しないことは 2.3.2.1
で述べた。(73a) (74a) の被使役者はそれぞれ話し手に相当する「你」（あ
なた），「人」（人）であるため，両構文の不対応は被使役者の人称に起
因するとも考えられる。しかし，(73) (74) の被使役者を「他」（彼）に
置換えても両構文の対応関係は依然として変わらないため，このような
不対応の原因は人称制限ではなく述語動詞に帰納すると考えられよう。

　したがって，「心理誘発的」使役文においては，「させる」構文と“让”
構文の類似点と相違点を，次のようにまとめることができる。

　類似点は述語が「単なる心理活動」で被使役者が一人称以外の場合，
両構文とも成立する。相違点は述語が「単なる心理活動」で被使役者が
一人称の場合と，「感知心理活動」の場合，“让”構文は成立するが，「さ
せる」構文は成立せず，通常自動詞文に対応する。両構文の対応関係を
まとめると次の表4になる。

表4.「心理誘発的」における「させる」構文と“让”構文の対応関係

心理誘発的	させる	让	対応
Yが一人称	△（自動文）	○	しない
感知心理活動	×（自動文）	○	しない
その他	○	○	する

2.3.3「他動的」用法

　「他動的」使役文は使役者が被使役者の状態変化（無意志的な動作の
場合もある）を引き起こす事象を表し，「Xの事象関与」は「確認可＋
直接的＋対外的」である。この用法は基本的に，使役者も被使役者も
人と事柄の両方が可能で，述語は主に「咲く，悪化する，発展する」の
ような状態変化を表す動詞を取る。

日本語記述文法研究会（編）（2009）では，「経済を活性化させる」の例を挙げ，「他動的」使役文とは「対応する他動詞を持たない自動詞から，他動詞と同様の文型をもつ文を作りだすもの」と定義しているが，「経済を促進させる」，「夢を実現させる」のような他動詞または自他両用動詞も同じことが言えるため，本研究ではこれらをすべて「他動的」使役文と見なす。

　日本語と中国語の使役文の類似点と相違点を検討するには，述語動詞自体による意味や品詞やコロケーションの不対応といった他の要因を最大限に排除すべきと考える。そういう意味で，和語動詞より漢語動詞，とりわけ同形同義動詞については，両言語が最も似通っている。そこで，本研究では日中同形同義の漢語動詞を中心に，次の 4 つの場合に分け，「他動的」使役文における「させる」と "让" の構文的特徴を考察する。むろん，考察で得られた見解は和語動詞にも共通して言えることである。

① 述語動詞が自動詞の場合
　　金融危機が悪化する，社長が死亡する，赤ちゃんが誕生するなど。

② 述語動詞が他動詞の場合
　　生育を促進する，関係を維持する，力を発揮するなど。

③ 述語動詞が他両用動詞の場合
　　夢を実現する，模型を完成する，資本を増加するなど。

④ 日中で述語動詞の自他が異なる場合
　　ミルクを飲ませる，（日：無対動詞 ⇔ 中：有対動詞「喝（飲む），
　　　　　　　　　　　　　　　　　　　喂「飲ませる」）
　　子供が孤立する，（日：自動詞 ⇔ 中：他動詞）
　　組織が成立する，（日：自動詞 ⇔ 中：自他両用動詞）など。

2.3.3.1 述語動詞が自動詞の場合

日本語では自動詞の同形同義動詞が用いられた「他動的」使役文は，必要な文脈さえあれば，基本的に構文的制約がなく成立する。

(75) a. それは<u>金融危機を悪化させる</u>だけであろう。

(BCCWJ『金融グローバル化の危機』)

    b. 那　　只会 让　　　金融危机 悪化。　　　　　（筆者訳）
      それ　だけ させる　金融危機　悪化する

(76) a. ひとりで<u>作戦を成功させられる</u>とでも言いたいの！？

(BCCWJ『アニメディア』)

    b. 你　　想说　　　你　　一个人　就能 让　作战 成功?（筆者訳）
      あなた 言いたい あなた　一人　できるさせる 作戦　成功する

一方，中国語ではその「他動的」使役文が成立するものと，通常では成立しないものがある。(75b) (76b) の"悪化"，"成功"は，「悪化 /成功の初期」，「少し悪化 /成功した」のような過程が想定できるため，その自動的事態には段階性又は程度性があると考えられる。この類の自動詞が用いられた場合，中国語は日本語と同様に構文的制約がなく「他動的」使役文が成立する。しかし，(77b) (78b) (79b) のような一部の自動詞の場合，一定の構文的条件が整っていなければ通常は成立しない。

(77) a. 奥さんがバットで社長の頭を殴り，<u>死亡させて</u>しまいました。

(BCCWJ『Yahoo! 知恵袋』)

    b. * 妻子用棒子殴打社长, 让　　　他　死亡　了。　　　（筆者訳）
                させる　彼　死亡　した

c. 妻子用棒子殴打社长, <u>让　 他 失血 过多 死亡 了</u>。　（作例）
　　　　　　　　　　させる 彼 失血 多く 死亡 した

(78) a. そういう人の中には土地の女性と関係を発展させて，子供を
　　　誕生させるものが出現している。
　　　　　　　　　　　（BCCWJ『アメラジアンの子供たち』）

　　 b. * 那些人中出现了一些和当地女性发展关系, <u>让　孩子 诞生 的 人</u>。
　　　　　　　　　　　　　　　　　させる 子供 誕生 の 人
　　　　　　　　　　　　　　　　　　　　　　　（筆者訳）

　　 c. 那些人中出现了一些和当地女性发展关系, <u>让　孩子 先后诞生 的 人</u>。
　　　　　　　　　　　　　　　　　させる 子供　前後誕生 の 人
　　　　　　　　　　　　　　　　　　　　　　　（作例）

(79) a. <u>複数のものを存在させた</u>としても乱雑にさせず整然とさせる
　　　こと，です。　　　　　　（BCCWJ『論文答案作成教室』）

　　 b. * 即使　 让　复数的 东西 存在。　　　　　　（筆者訳）
　　　　　させる 複数の　もの 存在

　　 c. * 即使　 让　复数的 东西 存在 于 一篇 文章 里。　（作例）
　　　　　させる　複数の　もの 存在　に　一篇 文章　中

　　(77) 〜 (79) の“死亡，诞生，存在”は，「？死亡 / 誕生 / 存在の初期」，
「？少し死亡 / 誕生 / 存在している」のような過程が想定できないため，
その自動的事態には段階性又は程度性を持たないと考える。この類の自
動詞が用いられた (77b) (78b) (79b) はいずれも成立しない。ただし，「死
亡，誕生，存在」の原因，様態，場所などを表す「失血が多く」，「前後に」，
「一篇の文章の中に」のような副詞節を補足すれば成立することがある。

　一方，中国語には"让"以外に"使，令，导致，致使"などの使役マーカーがあり，意味機能が異なるため，それぞれの構文的特徴も一様ではないことは言うまでもない。例えば"导致，致使"はＸの意図性を無視し，Ｘが原因で被使役者（以下「Ｙ」）の自動的事態を引き起こす意味を表すため，意図性を必要としない (77b) (78b) は"导致，致使"を用いることができる。

　したがって，述語動詞が自動詞の場合，「させる」構文は基本的に構文的制約がなく成立する。一方，"让"構文は「段階性又は程度性」を持つ自動詞の場合は基本的に成立するが，それを持たない一部の自動詞の場合，様態や場所などの副詞節を補足しなければ，その「他動的」使役文は成立しないと言えよう。

2.3.3.2 述語動詞が他動詞の場合

　他動詞文の場合，日本語も中国語も少なくとも動作主体と動作対象という二つの項を必要とする。(80) のように同形同義動詞が用いられた両言語の他動詞文は対応している。

(80)　a. 初めに，神が天と地を創造した。　（BCCWJ『Yahoo! ブログ』）

　　　b. 最初，神　创造　了　天　和　地。　　　　　（筆者訳）
　　　　 初めに　神　創造　した　天　と　地

　日本語では，一般的に「させる」構文は，通常の動詞文より一つの項（Ｘ）が増えるが，他動詞の場合はそうとは限らない。他動詞文の (80) と同じ項数を持つ「させる」構文もある。

(81)　a. 私はあくまでも自分のイベント企画を促進させておりますので，売れ線狙った芸能活動とは随分異なります。
　　　　　　　　　　　　　　　　　　　　（BCCWJ『Yahoo! ブログ』）

b. ＊我 只不过是　让　促进 活动策划,
　　私　ただ単に　させる 促進 イベント企画
　　跟以出名为目的的演艺活动大有不同。　　　　（筆者訳）

c. 我 只不过是 促进 活动策划,
　　私　ただ単に　促進 イベント企画
　　跟以出名为目的的演艺活动大有不同。　　　　（作例）

(82)　a. 剣は麻世の手にある。この状況で, 剣のパワーを発揮させて,
　　　　敵を撃退することはできない。　　　（BCCWJ『一千年の陰謀』）

　　　b. ＊剣在麻世手中。这种情况下,
　　　　　不能　让　发挥 剣 的 威力, 击退敌人。　　（筆者訳）
　　　　　できないさせる 発揮　剣 のパワー

　　　c. 剣在麻世手中。这种情况下, 不能　发挥 剣 的 威力, 击退敌人。
　　　　　　　　　　　　できない 発揮 剣 のパワー　　（作例）

　一方, 中国語では使役マーカーの直後に Y が後続するという構文的
制約があり, Y が省略された (81b) (82b) は成立せず, 他動詞文の (81c)
(82c) に対応する。このような場合, Y を具現化させるとその他動的使
役文は成立するのだろうか。(81b) (82b) に動作主である「我」(私),「麻世」
を挿入した「＊只不过是让我促进活动策划」と「＊不能让麻世发挥剑的
威力」も, やはり不自然である。さらに, 他の使役マーカーと置換えて
も成立しない。したがって中国語は日本語と違って, 他動詞文と同じ項
数を持つ「他動的」使役文は通常成立しないと言える。しかし, (83b)
(84b) のような Y 項が付加された"让"構文は成立する。

(83)　a. そしてこの状況では, 戦場の清潔さを維持させる方法などない。
　　　　　　　　　　　　　　　　　　　　　　　　　　　　（作例）

60

b. 在 这样的　　状況 下，无法　　　让　　战场 维持 清洁。
で このような　状況　下　方法がない させる 戦場　維持　清潔さ

（筆者訳）

(84)　a. 剣は麻世の手にある。この状況で，剣のパワーを発揮させて，
敵を撃退することはできない。　　　　　　（(82a) の再掲）

b. 剑在麻世手中。这种情况下，不能　让　　剑 发挥 威力，击退敌人。
させる 剣 発揮　パワー

（作例）

　日本語の (83a) (84a) では「戦場」と「剣」は「清潔さ」，「パワー」
の連体修飾語である。一方、中国語の (83b) (84b) の「戦場」と「剣」は「維
持する」，「発揮する」の主語である。"让" に後続する補文は，「战场维
持清洁」，「剑发挥威力」が「戦場が自分の清潔さを維持する」，「剣が自
分のパワーを発揮する」という擬人的な意味合いを表している。この場
合の "让" 構文は「させる」構文の (83a) (84a) より項が一つ増えた「他
動的」使役文として成立する。

　興味深いことに，このような「他動的」使役文には一部の他動詞し
か用いられない。例えば，「让爱情维持长久（愛情の持続を維持させる）」，
「让教室保持安静（教室の静けさを保持させる）」は「他動的」使役文と
して成立するのに対し，「*让血液促进循环（血液の循環を促進させる）」，
「*让生产强化体制（生産体制を強化させる）」は成立しない。このよう
な現象は他動詞と目的語の属性によるものと考えられるが，本研究の主
な目的ではないため別稿に譲りたい。

　したがって，述語動詞が他動詞の場合，日本語では他動詞文の項数
を保ったままの「させる」構文が成立する。一方，中国語では一部限ら
れた他動詞の場合，Y という項を増やせば "让" 構文が成立すると言え
よう。

2.3.3.3 述語動詞が自他両用動詞の場合

　述語動詞が自他両用動詞の場合,日本語も中国語も基本的に「他動的」使役文が成立する。しかし,両言語とも (85) のように他動詞文と置換しやすいものと,(86) のように置換しにくいものがある。

(85)　a. 誰にも夢があり,夢を実現させたい/実現したい　と考えている。
　　　　　　　　　　　　　　　　　　　　（BCCWJ『「縮小均衡」革命』）

　　　b. 谁都　　有　　梦,也都　　想　　实现 梦想 / 让　　梦想 实现。
　　　　 誰にも　ある　夢 みんな たい　実現 夢 /させる　夢　実現
　　　　　　　　　　　　　　　　　　　　　　　　　　　　　（筆者訳）

(86)　a. 被保険者の数を　増加させる/*増加する　という方策しか
　　　　選択の余地がない。
　　　　　　　　　（BCCWJ『少子高齢化時代の自治体と社会保障政策』）

　　　b. 只　　能　　选择 ? 让　　参保人数　　增加 / 增加　参保人数。
　　　　 だけ　できる 选择 させる　被保険者数　　増加 / 増加　被保険者数
　　　　　　　　　　　　　　　　　　　　　　　　　　　　　（筆者訳）

　(85) の文脈から「夢の実現」というテーゼの達成には,X である「誰か」の働きかけが読み取れ,X は事象の結果を大きく制御することが推定できる。一方,(86) の文脈から「被保険者の数の増加」というテーゼの達成には,X である「φ」だけが関与するわけではなく,背後にある「被保険者」の意図や行動も大きく関わることが読み取れ,X は事象のあり方をある程度制御することが推定できる。これと類する概念の「制御可能性」（森 2004: 38）を参考に,本稿では「事象の結果をコントロールする X の性質」を「制御性」と呼び,この観点を用いて考察していく。
　「制御性」が低い「〜させる」構文の (86a) では,事象に関わる者として X とほかの人物の両方が読み取れ,「〜する」と置換えができない。

ようするに,「～させる」は「制御性」が低い場合（以下「低制御性」），
「～する」は「制御性」が高い場合（以下「高制御性」）に用いられるこ
とを示唆している。しかし,「高制御性」の (85) (86) において「～させる」
と「～する」の置換えは可能である。その原因と両者の相違は一体どこ
にあるのだろうか。次の例を用いて分析する。

(87)　a. あたし達は，あたし達の生活環境が快適になるように<u>改善し</u>
　　　　<u>て</u>，そこで願望を<u>実現する</u>ことに幸せを感じる。
　　　　　　　　　　　　　　　（BCCWJ『西オーストラリア花物語』）

　　　b. あたし達は，あたし達の生活環境が快適になるように<u>改善し</u>
　　　　<u>て</u>，そこで願望を<u>実現させる</u>ことに幸せを感じる。
　　　　　　　　　　　　　　　　　　　　　　　　　　　　　（作例）

　　　c. * あたし達は，あたし達の生活環境が快適になるように<u>改善</u>
　　　　<u>させて</u>，そこで願望を<u>実現する / させる</u>ことに幸せを感じる。
　　　　　　　　　　　　　　　　　　　　　　　　　　　　　（作例）

(87) では前節の「生活環境の改善」と後節の「願望を実現」との間に，
手段と結果の関係が読み取れ，(85) と同じように，「あたし達」以外の
人物の働きかけが読み取れないため，「高制御性」を持っていると推測
できる。手段に「～する」，結果に「～させる」が用いられる (87b) は
自然だが，手段に「～させる」，結果に「～する / させる」が用いられ
る (87c) は不自然である。要するに，手段の「生活環境の改善」が達成
されてはじめて最終の結果である「願望を実現」が叶うため，X の「制
御性」は結果と比べ，手段のほうが相対的に高いと言える。つまり，X
の「高制御性」の場合でも，「～させる」を用いることが出来るが，「～
する」より「制御性」が相対的に低い（以下「中制御性」）。以上のこと
をまとめると，「～する」は「高制御性」の場合に，「～させる」は中制
御性又は低制御性の場合に用いられると考えられる。

一方，中国語では日本語の「～させる」と「～する」のような使い分けは見られない。(85b) (86b) が示すように，いずれの場合も他動詞文が成立し，しかも使役文より優先されるため，X の「制御性」を問わないことが伺える。

2.3.3.4　日中で述語動詞の自他が異なる場合

　日本語と中国語では，一方が無対動詞で，もう一方が有対動詞である場合，両言語の動詞間の自他が対応しないことがある。例えば日本語では「赤ちゃんがミルクを飲む」の「飲む」は無対自動詞である。この場合中国語では，自動詞の"喝"に対し，他動詞の"喂"が存在する。日本語の (88a) のような「他動的」使役文は，「対応する他動詞を持たない自動詞から，他動詞と同様の文型をもつ文を作り出すものである」（日本語記述文法研究会（編）2009: 268）と考えられる。それに対応する中国語は通常 (88b) のような他動詞になる。

(88)　a. 母は赤ちゃんにミルクを飲ませる。　　　　　　　（作例）

　　　b. 母亲给孩子　喂　　奶。　　　　　　　　　　　（作例）
　　　　　　　　　　 飲む　ミルク

　また，日本語と中国語では，一方が自動詞で，もう一方が他動詞または自他両用動詞であるという対応しない場合もある。例えば日本語では「成立する，発展する」は自動詞であるが，中国語では両方とも自他両用動詞である。また日本語では「孤立する」は他動詞であるが，中国語では自動詞である。このような品詞性の相違により，(89) (90) が示すような「させる」構文と"让"構文の不対応が生じる。

(89)　a. 三次産業を発展させると同時に、これらと一次産業を結びつけるのが、その大道である。　　　　（中日『日本列島改造論』）

b. 在　<u>发展　三级产业</u>　的同时,使它和一级产业相结合,这是康庄大道,
　　发展する 三次産業　の同時

(中日《日本列岛改造论》)

(90)　a. <u>倪吾誠一人を母屋に「孤立」させた</u>のだ。　　　(中日『応報』)

　　　b. 把　倪吾诚　一个人<u>"孤立"　在三间正房里</u>。(中日《活动变人形》)
　　　　 を　倪吾誠　　一人　孤立する　母屋の中

(88) 〜 (90) のように，中国語の他動詞文が日本語の「他動的」使役
文に対応する用例が多く見られる一方，逆に (91) (92) のように日本語
の他動詞文が中国語の「他動的」使役文に対応する用例もある。

(91)　a. 我想,就　　<u>让　它　作为　我们小队的　第一次　队日活动</u>吧!
　　　　　 では させる これ　なる　　この小隊　　最初　　隊の活動
(中日《轮椅上的梦》)

　　　b. あたしは、<u>これをこの小隊の最初の活動にしたい</u>と思うんだ。
(中日『車椅子の上の夢』)

(92)　a. 我赶忙细心地吹拂着, 擦拭着,<u>想　让　它　变成　原来的模样</u>,
　　　　　　　　　　　　　　 たい させる それ　なる　元通りの様子
(中日《家》)

　　　b. 私は急いでホコリをはらい、みがいて<u>艶を出そう</u>としたが、〔…〕
(中日『家』)

(91) (92) が示すように，中国語では自動詞「作为，成为」(なる) に
対する他動詞が存在せず,"让"構文が用いられている。日本語では「な
る」に対応する「する」があるため,「させる」構文が用いなくても済む。

よって，日本語と中国語の動詞の自他が不対応の場合，「させる」構文と"让"構文が対応しないことが明らかになった。

したがって，「他動的」使役文においては，「させる」構文と"让"構文の類似点と相違点を，次のようにまとめることができる。類似点は，両構文とも他動詞相当の「他動的」使役文が存在する。相違点は，「させる」は基本的にすべて動詞と共起できるのに対し，"让"は一部の自動詞と共起する際に，様態や場所など具体的事態を表す副詞節を伴うという構文的制約があり，他動詞と共起する際に，被使役者の項を必要とし，他動詞文と同じ項数の使役文を作れない。日中の動詞の自他が不対応の場合，両構文が対応しない。両構文の対応関係をまとめると次の表5になる。

表5.「他動的」における「させる」構文と"让"構文の対応関係

他動的		させる	让	対応
自動詞	変化過程あり	○	○	する
	変化過程なし	○	×（他動文）	しない
他動詞	—	○	×（他動文）	しない
自他両用動詞	高制御性	○	○	する
	低制御性	○（他動文不可）	○（他動文可）	する
日中自他異なる	—	△（他動文）	△（他動文）	しない

2.4「させる」構文と"让"構文に共通しない意味・用法

「させる」構文と"让"構文に共通しない意味・用法は，日本語の「再帰的」，「有責的」と，中国語の「客体原因的」，「間接命令的」，「行為規定的」の5つの用法である。まず日本語の「させる」構文から見ていく。

2.4.1「させる」構文特有の意味・用法
2.4.1.1「再帰的」用法

　「再帰的」使役文は使役者に属する一部分が無意志的に動作または状態変化をする事象を表し,「X の事象関与」は「確認可＋直接的＋対自的」である。この用法は基本的に,使役者は有情物と非情物の両方が可能で,被使役者は「肩,顔,目,足,花,果実」などのような使役者に属する一部分で,述語は「震える,曇る,光る,滑る,咲く,実る」のような自動詞を取る。

　日本語では (93a) (94a) (95a) が示すように,有情物の無意志的な動作を表す「させる」構文は成立するが,中国語では"让"構文が成立せず,能動文を用いる。

(93)　a. 寒そうに肩を顫わせた。　　　　　　　　　　　（中日『雪国』）

　　　 b. 她　　感到　有点　冷似地　顫抖着　肩膀。　（中日《雪国》）
　　　　 彼女　感じる　すこし　寒そうに　震える　肩

　　　 c. *她　　感到　有点　冷似地　让　　肩膀　顫抖。　　（作例）
　　　　 彼女　感じる　すこし　寒そうに　させる　肩　震える

(94)　a. しめた,と彼は目を光らせた。　　（中日『霜葉紅似二月花』）

　　　 b. 徐士秀　的　眼珠　骨溜溜　転着,心里便有了个主意。
　　　　 徐士秀　の　目玉　ぐるぐる　回る
　　　　　　　　　　　　　　　　　　　　　　（中日《霜叶红似二月花》）

　　　 c. *徐士秀　让　　眼珠　骨溜溜　転着,心里便有了个主意。（作例）
　　　　 徐士秀　させる　目玉　ぐるぐる　回る

(95) a. 僕が指で金網をつつくとオウムが羽根をばたばたさせて〈クソタレ〉〈アリガト〉〈キチガイ〉と叫んだ。

（中日『ノルウェイの森』）

b. 我用手指捅了捅铁丝网，鹦鹉　　扑棱　　　一下　翅膀，叫道：
　　　　　　　　　　　　　　オウム　バタバタする　一回　　翼
臭屎蛋、谢谢、神经病。

（中日《挪威的森林》）

c. * 我用手指捅了捅铁丝网，鹦鹉　让　翅膀　扑棱了　　一下，叫道：
　　　　　　　　　　　　　　オウム　させる　翼　バタバタした　一回
臭屎蛋、谢谢、神经病。

（作例）

また，(96) (97) が示すように，非情物の状態変化を表す「させる」構文が成立するが，中国語では"让"構文が成立せず，能動文に対応する。

(96) a. 墓所の段の上に植わった二本の椿の花だけは、春ともなると大輪の紅白の花を咲かせて、ひそかに匂ってくる。

（中日『越前竹人形』）

b. 一到春天，只有种在坟地那一段的两株
山茶花　放出　硕大的　红白花朵，暗香阵阵。
　椿　　　咲く　大きい　紅白の花

（中日《越前竹偶》）

c. * 一到春天，只有种在坟地那一段的两株
山茶花　让　　硕大的　红白花朵　开，暗香阵阵。
　椿　　させる　大きい　紅白の花　咲く

（作例）

(97) a. この吹き抜けの建築は、雪のなかに、雪が吹き入るのに委せた
　　　　まま、<u>細身の柱を林立させて</u>、すがすがしい素肌で立っていた。
　　　　　　　　　　　　　　　　　　　　　　　　　（中日『金閣寺』）

　　　b. 这座四面通风的建筑，任凭飞雪的吹打。
　　　　<u>林立的　　细柱</u>　　在雪中 更见清 矍，好一座银妆素裹的金阁！
　　　　林立の　　細い柱　雪の中で
　　　　　　　　　　　　　　　　　　　　　　　　　（中日《金阁寺》）

　　　c. ?这座四面通风的建筑，任凭飞雪的吹打。
　　　　<u>让　　　细柱　树立</u>　　在雪中 更见清矍，好一座银妆素裹的金阁！
　　　　させる 細い柱 林立する 雪の中で
　　　　　　　　　　　　　　　　　　　　　　　　　　　　（作例）

　一般的に使役文は，使役者が自分以外の被使役者への働きかけを表
し，使役事象は他動的であるものが多い。しかし，(93a) ～ (97a) はそれ
ぞれ「彼女の肩が震えている」，「彼の目が光った」，「オウムの羽がバタ
バタしていた」，「椿の花は咲いている」，「建物の柱が林立している」の
ような無意志的な自動的動作や状態変化が表されており，使役者からの
働きかけは殆ど読み取れない。よって，「再帰的」の表す使役事象は，
客観的に言えば自動詞文に近いことが分かる。
　したがって，中国語に見られない「再帰的」使役文においては，中国
語は基本的に自動詞文に対応すると言えよう。

2.4.1.2「有責的」用法
　「有責的」使役文は使役者の不干渉により，その管轄下にある被使役
者に，好ましくない事態が自然的に発生する事象を表し，「X の事象関与」
は「確認可＋有責的」である。間接受身表現のもつ迷惑と似た意味合い
を持つこともある。この用法は基本的に，使役者は人で，被使役者は有
情物と非情物の両方が可能で，述語は「死ぬ，腐る，怪我をする，枯れ

る」のようなマイナスの意味を表す自動詞を取ることが多い。

　「有責的」使役文の表す使役事象は，使役者にとっては好ましくない事態であるため，日本語では「させる」に「しまう」をつけると，「不作為の事態であっても，発生してしまった事態に対して使役者が後悔の気持ちをもっていることを，より明確に示すことができる。」（日本語記述文法研究会（編）2009: 269）

(98)　a. やはり、妹を栄養失調で死なせてしまったらしいのです。

（BCCWJ『Yahoo! 知恵袋』）

　　　b. 最后还是，因为 营养失调 死了　妹妹。　　　（筆者訳）
　　　　　　　　　　ため　栄養失調　死んだ　妹

　　　c. * 最后还是，因为 营养失调　　让　妹妹　死了。　（作例）
　　　　　　　　　　ため　栄養失調　させる　妹　　死んだ

(99)　a. 我が家では最近ガンで一匹死なせました。7 歳でした。

（BCCWJ『Yahoo! 知恵袋』）

　　　b. 我家最近　因为　癌症　死了 一条　狗。　　　（筆者訳）
　　　　　　　　　ため　ガン　死んだ 一匹　犬

　　　c. * 我家最近　因为　癌症　让　　一条 狗　死了。　（作例）
　　　　　　　　　ため　ガン　させる 一匹　犬 死んだ

　(98a) (99a) では，それぞれ被使役者の「妹」，「私」が「死んだ」という事態の直接的な原因は「栄養失調」，「ガン」にあることを明示している。そのため，文脈上から好ましくない事態の発生は，実際に使役者とは関係がないことが分かる。そして (98a) (99a) から，ある好ましくない事態の発生に対し，それを阻止できなかったという使役者の責任感が読

み取れる。

　一方，(100a) (101a) のように，事態の発生の直接的な原因が文中で表されていない「有責的」使役文もある。

(100) a. 生後 4 ヵ月半の子どもを不注意から死なせてしまった母親は、
　　　　子どもを命より大切に思う夫と 3 人で死ぬことを考える[注9]ます。
　　　　　　　　　　　　　　　　　　　　　（BCCWJ『Yahoo! ブログ』）

　　　b. 因为不小心，死了　4 个半月大的　孩子　的　那位母亲，
　　　　　　　　　　　　　死んだ 4ヵ月半の　　子どもの　あの母
　　　　认为孩子比自己 的命都重要，所以想和丈夫 3 人一起死。
　　　　　　　　　　　　　　　　　　　　　　　　　（筆者訳）

　　　c. ? 因为不小心，让　4 个半月大的　孩子 死了　的　那位母亲，
　　　　　　　　　　　　させる 4ヵ月半の　　子ども 死んだ の　あの母
　　　　认为孩子比自己的命都重要，所以想和丈夫 3 人一起死。（作例）

　　　d. 因为不小心，害死了　4 个半月大的　孩子　的　那位母亲，
　　　　　　　　　　　　死なせる 4ヵ月半の　子ども の　あの母
　　　　认为孩子比 自己的命都重要，所以想和丈夫 3 人一起死。
　　　　　　　　　　　　　　　　　　　　　　　　　（作例）

(101) a.「ほったらかしておくと，これっくらいもある梁なんかだって，すぐにぶよぶよに腐らせてしまうんですからねえ。」
　　　　　　　　　　　　　　　　　　　　　（中日『砂の女』）

　　　b.“你要随它去，这么粗的梁，不久　就会 软棉花　似地　烂掉。”
　　　　　　　　　　　　　　すぐに　なる　綿　　のように　腐る
　　　　　　　　　　　　　　　　　　　　　（中日《砂女》）

注9 「考えるます」は原文によるものである。

c. *"你要随它去,这么粗的梁,不久 就会 软棉花 似地 让 它 烂。"
　　　　　　　　　　　　　すぐに　なる　綿の　ようにさせるそれ腐る
　　　　　　　　　　　　　　　　　　　　　　　　　　　　　　(作例)

　(100a) (101a) では,それぞれ被使役者の「子ども」,「梁」が「死んだ」,「腐る」という事態の直接的な原因を明示していないが,「不注意から」と「ほったらかしておく」いう表現でその間接的な原因を表している。そこで,文脈上に現れていない直接的な原因として, (100a) は「誤って転落死」,「うつ伏せ寝で窒息死」など,(101a) は「湿気で腐る」,「虫に食われて腐る」などが考えられる。(100a) (101a) から, 好ましくない事態の発生に対し,それを抑えるために何にも手段を講じていないという使役者の責任感が読み取れる。

　(98) 〜 (101) が示すように, 日本語では好ましくない事態の発生に,使役者が責任を感じる場合に「有責的」使役文が用いられるが, 中国語では"让"構文が用いられず, 基本的に自動詞文で対応する。一方,(100) の使役者の「不注意」という間接的な原因を強調したい場合, 中国語では (100d) のような「害死」（害を与えて死なせる）のような他動詞文を用いることができる。

　したがって, 中国語に見られない「責任的」使役文においては, 中国語は基本的に自動詞文になる。特に使役者の間接的な原因が強調される場合は他動詞文に対応すると言えよう。

2.4.2　"让"構文特有の意味・用法
2.4.2.1「客体原因的」用法
　「客体原因的」使役文は被使役者の動作行為の客体（目的語）が使役者となり, その客体の特殊性が原因で, 被使役者にある長期間の動作行為を引き起こす事象を表し,「X の事象関与」は「確認可＋直接的＋対外的＋動作誘発」である。
　「客体原因的」使役文は周（2005）で取り上げられているが, 従来の日中対照研究では一切言及されていない。動作行為の客体が使役者とな

り先頭に立ち，期間を表す副詞成分（「しばらく，一週間，三年」）が述
語動詞に後続するという通常の使役文と異なる構文的特徴を持つ。

(102) a.《晚报》上的　一条 国内 消息 让　我　看了 很久。(CCL 语料库)
　　　　　　　　　一つ 国内　記事 させる 私 読んだ しばらく

b. 私はしばらく『夕刊』のある記事を読んでいた。　　　　（筆者訳）

c. *『夕刊』のある記事は私にしばらく読ませた。　　　　（作例）

(103) a. 那是一张贴在刑警队的通缉令专栏里 让　她　看了 两年多的 脸。
　　　　　　　　　　　　　　　　　させる彼女見た ２年余りの 顔
　　　　　　　　　　　　　　　　　　　　　　　　（CCL 语料库）

b. その警察の指名手配のコラムに貼られている顔は，彼女が２
年以上見てきた。

（筆者訳）

c. * その警察の指名手配のコラムに貼られている顔は，彼女に
２年以上見させた。

（作例）

　　(102a) は使役者の「人をびっくりさせるような夕刊の記事」で，被使
役者の「私が読むのに予想以上に時間がかかった」ことを表している。
(103a) は使役者の「指名手配のコラムに貼られている顔」で，被使役者
の「彼女が長時間に渡って見てきた」ことを表している。「客体原因的」
は (102a) (103a) のように，「読む」，「見る」の客体である「記事」，「顔」
が使役者となり，被使役者の長時間の動作行為を引き起こし，通常でな
い使役者の性質を強調したい場合に用いられる。(102) (103) が示すよう
に，中国語では"让"構文が成立するが，日本語では「させる」構文が

成立せず，(102b) (103b) のような他動文と対応する。

　したがって，日本語に見られない「客体原因的」使役文は，日本語の他動詞文と対応すると言える。

2.4.2.2「間接命令的」用法

　「間接命令的」使役文は，使役者が言葉やジェスチャーで，被使役者にある行為を実行するように要求する事象を表し，「Xの事象関与」は「確認不可＋事象的」である。この用法は「Xの事象関与」は「確認可」の使役文と同じく，「使役者が被使役者に働きかける」，「被使役者がある意志的行為をする」という複文構造を持つ。基本的に，「指示・許容的」と同様に，使役者も被使役者も有情物で，述語は「書く，読む，行く，勉強する，掃除する」のような意志性をもつ動作動詞を取る。一方，使役者の要求通りに被使役者の行為が実現したかどうかという「Xの事象関与」が確認できない点は，「指示・許容的」と異なる。

(104) a. 她　恳求　婶母　让　她　　回家　过节，她只想吃一串葡萄。
　　　　彼女　頼む　叔母　させる　彼女　帰省　祝日を祝う
　　　　　　　　　　　　　　　　　　　　（中日《轮椅上的梦》）

　　　b. 女の子は叔母に、両親の家にもどって中秋を祝いたいと、ていねいな言葉で頼みました。
　　　　　　　　　　　　　　　　　　　（中日『車椅子の上の夢』）

　　　c. * 女の子は叔母に、両親の家にもどって中秋を祝わせると、ていねいな言葉で頼みました。　　　　（作例）

(105) a. 我　不让　他　　去。他还是去了。　　（中日《人啊，人》）
　　　　私　させない　かれ　行く

　　　b. 行くなと言ったのに、彼は行ったのだ。（中日『ああ、人間よ』）

c.＊行かせなかったのに、彼は行ったのだ。　　　　　　　（作例）

　(104a) は使役者の「彼女」が被使役者の「叔母」に，「彼女が家に戻って祝日を祝う」という願いを表している。(105a) は使役者の「私」が被使役者の「彼」に，「行かないで」という要求を表している。(105a) のように，“他还是去了。”（彼はやはり行った。）という表現がなければ，“让”構文だけでは，使役者の要求通りの事態が実現できたかどうかは確認できない。(104) (105) が示すように，使役者の働きかけの手段は言葉であることが推測でき，このような“让”構文は「させる」構文と対応することができない。日本語では，使役者の言葉による要求，願い，命令などを間接的に表す「〜と / ように」＋「言う / 頼む」のような表現と対応する。

(106) a. 看见我走来，便　拉一张　凳子，让　我　坐下。
　　　　　　　　　引っ張る　椅子 させる 私　座る

　　　　　　　　　　　　　　　　　　　　（中日《关于女人》）

　　b. 私がいくと、腰かけを引っぱってきてすすめた。
　　　　　　　　　　　　　　　　　　（中日『女の人について』）

　　c. 私がいくと、腰かけを引っぱってきて座らせようとした。
　　　　　　　　　　　　　　　　　　　　　　　　　　（作例）

(107) a. 许老太太　连拉带扯，要 让　他　吃　　口 东西，也没有把他留住。
　　　　　　　引っ張る　　させる 彼 食べる 一口 もの

　　　　　　　　　　　　　　　　　　　　　（中日《红高粱》）

　　b. 許ばあさんは昼を食べていくようにと何度も引き止めたが、かれはきかなかった。

　　　　　　　　　　　　　　　　　　　（中日『赤い高粱』）

c. 許ばあさんは昼を食べさせようとしたが、かれはきかなかった。
　　　　　　　　　　　　　　　　　　　　　　　　　　　　（作例）

　(106a) は使役者が被使役者の「私」に，「座る」という勧めていることを表している。(107a) は使役者の「許ばあさん」が被使役者の「彼」に，「昼を食べる」という誘いを表している。(107a) のように，"也没有把他留住。"（彼を引き止めることができなかった。）という表現なしに，"让"構文だけでは，使役者の望む事態が実現できたかどうかは確認できない。(104a) (105a) では，前述したように使役者の働きかけの手段は言葉であることが推測できる。それに対し, (106a) は「椅子を引っ張る」，「彼を引っ張る」といった使役者の動作が含意されている。日本語では，(106b) のように「腰掛けをすすめる」，「～ように引き留める」といった他動詞文，または (106c) のように「～させようとする」という構文で対応する。
　ひとつ留意すべき点は，「～させようとする」という構文に「させる」が用いられているが，「間接命令的」な意味合いを担うのは「ようとする」のほうであり，この場合の「させる」はあくまでも「指示・許容的」の用法であると考える。そのため，「間接命令的」は "让" 構文特有の用法と見なす。したがって，「間接命令的」使役文においては，"让" 構文と「させる」構文の対応関係は次のようにまとめることができる。
　使役者の被使役者に対する言葉による要求や命令のみ（被使役者の動作が実現するかどうかを含意しない）を表す場合，中国語では "让" 構文が成立し，日本語では「させる」構文が成立せず，「～と / ように」＋「言う / 頼む」などの表現に対応する。一方，使役者の働きかけは動作行為が含意される場合においても "让" 構文が成立し，日本語の「～ように / と」＋他動詞，または「～させようとする」の両方に対応する。

2.4.2.3 「行為規定的」用法
　「行為規定的」使役文は使役者が不特定多数の人に対する行為の規定を表し，「Xの事象関与」は「確認不可＋属性的」である。使役者は公

76

的な場所で，被使役者は不特定多数であるが文中では省略されるという
構文的特徴を持つ。

　「行為規定的」使役文はこれまでの日中対照研究では扱われてこなか
ったが，「指示・許容的」，「間接命令的」と同様に使役マーカーの“让”
が用いられ，「使役者が被使役者に働きかける」，「被使役者がある意志
的行為をする」という複文構造を持つため，使役表現と見なしたほうが
妥当だと考える。

(108) a. 莫高窟　的　洞穴　内，一律　　不让　拍照。（CCL 語料庫）
　　　　莫高窟　の　洞窟　中　一律　させない　撮影する

　　　b. 莫高窟の洞窟の中は，一律　撮影　禁止。　　　　（筆者訳）

　　　c. ?莫高窟の洞窟の中は，一律　撮影させません。　　　（作例）

　(108a) は，「莫高窟の洞窟の中」という場所において，被使役者の「観
光客」に対し「撮影してはいけない」という行為の規定を表している。
“让”構文だけでは，「観光客」が規定に従った行為を取ったかどうかが
確認できない。(108a) に対応する日本語は (108b) のような許可または可
能を表す表現となる。(108c) のような「させる」構文は成立することも
あるが，「行為規定的」用法ではなく「指示・許容的」用法になるため，
(108a) の表す意味と相違する。

　(108a) のような「行為規定的」と判定しやすい表現がある一方，
(109a) (110a) のように，文脈によって一見して「行為規定的」か「指示・
許容的」か区別しにくい表現もある。

(109) a. 由于他年龄过小，刚一进阅览室就听到声严厉的警告：
　　　　“小孩儿　不让　进。”
　　　　子供　させない　入る　　　　　（中日《活动变人形》）

77

b. 年が小さすぎるので、閲覧室に足を踏み入れた途端に厳しい
　声が飛んできた「子供はダメよ」　　　　　　　　（中日『応報』）

c. ? 年が小さすぎるので、閲覧室に足を踏み入れた途端に厳し
　い声が飛んできた「子供は入らせない」　　　　　　（作例）

(110) a. "乐二叔，<u>金銮殿 到底 在哪儿 呀，让　看　吗？</u>"
　　　　　金銮殿 一体　どこ なの させる 見るか
　　　　　　　　　　　　　　　　　　　　　（中日《金光大道》）

b.「楽二叔、<u>金銮殿ってのは一体どこにあんの、行ってみてえんだ</u>」
　　　　　　　　　　　　　　　　　　　　　（中日『輝ける道』）

c. *「楽二叔、<u>金銮殿ってのは一体どこにあんの、見させますか？</u>」
　　　　　　　　　　　　　　　　　　　　　　　　　（作例）

　(109) (110) は場所名詞の「閲覧室」,「金銮殿」と述語動詞の「入る」,「見
る」の間に,「足を踏み入れた途端に厳しい声が飛んできた」,「一体ど
こにあんの」という文脈が介在している。(109) では,「子供が入っては
いけない」という理由から,「年齢が低いと閲覧室に入室できない」と
いう規則が推定できる。(110) も同様に,「見学する」の前提として,「金
銮殿は一般人向けにオープンしている」と想定できる。(109a) (110a) の
"让"構文に対応する日本語は,許可または可能を表す表現（「てもいい,
できる,禁止,だめ」など）のほうが適切である。一方,(109c) (110c)
のような「させる」構文は,「指示・許容的」として成立する場合もあ
るが,ある場所における不特定多数の人に対する行為の規定を表すもの
ではない。
　したがって,日本語に見られない「行為規定的」使役文においては,
日本語は基本的に「できる,てもいい,禁止,だめ」のような許可また
は可能を表す表現に対応すると言える。

2.5　本章のまとめ

　本章では，日本語と中国語の典型的使役文である「させる」構文と "让" 構文の対照研究を行った。主に両構文の意味・用法を網羅した分類を行ったうえで，各用法における構文的特徴及び日中対応関係を検討してきた。

　分類は，主として日本語記述文法研究会（編）（2009）を参考に，「X の事象関与」（日本語記述文法研究会（編）（2009）で言う「使役者が事態の成立との関わり）という統一した基準のもとで，4 段階に分けた。「させる」構文と "让" 構文の例文を概観し，第 1 段階では，「X の事象関与」を大きく「確認可」と「確認不可」に二分し，第 2 段階では，前者を「間接的」，「直接的」，「責任的」に，後者を「事象的」，「属性的」に分類した。第 3, 4 段階ではさらに「直接的」に対し下位分類を行った。最終的に「X の事象関与」という視点から両構文の意味・用法を，表 6（表 2 の再掲）の通り仮に名づけた。

表 6.「させる」構文と "让" 構文の分類（表 2 の再掲）

X の事象関与				意味・用法
確認可	間接的	—	—	① 指示・許容的
	直接的	対外的	心理誘発	② 心理誘発的
			状態誘発	③ 他動的
			動作誘発	④ 客体原因的
		対自的	—	⑤ 再帰的
	有責的	—	—	⑥ 有責的
確認不可	事象的	—	—	⑦ 間接命令的
	属性的	—	—	⑧ 行為規定的

注：ゴシック体の箇所は日本語記述文法研究会（編）（2009）と異なる点である。）

意味・用法を分類した後，共通する意味・用法，共通しない意味・用法の順で，「させる」構文と“让”構文の対照分析を行った。共通する意味・用法の「指示・許容的」，「心理誘発的」，「他動的」については，構文的特徴などの分析を通し，両構文の類似点，相違点及び対応関係を明らかにした。両言語に共通しない意味・用法で「させる」構文に特有の「再帰的」，「有責的」と，“让”構文に特有の「客体原因的」，「間接命令的」，「行為規定的」については，それぞれの構文的特徴及び他方の言語でそれに対応する表現を提示した。考察の結果を次の表 7 にまとめる。

表7.「させる」構文と"让"構文の日中対応関係

用法		条件	させる （対応表現）	让 （対応表現）	日中 対応
共通する用法	①指示・許容的	待遇恩恵制限あり	○	○	する
		待遇恩恵制限なし	×（てもらう）	○	しない
	②心理誘発的	1人称Y	×（自動文）	○	しない
		複数動詞	×（自動文）	○	しない
		その他	○	○	する
	③他動的	過程なし Vi	○	×（他動文）	しない
		Vt	○	×（他動文）	しない
		低制御性 ViVt	○（他動文不可）	○（他動文可）	する
		日中自他異なる	△（他動文）	△（他動文）	しない
		その他	○	○	する
共通しない用法	④客体原因的	—	×（他動文）	○	しない
	⑤再帰的	—	○	×（自動文）	しない
	⑥責任的	—	○	×（自動文）	しない
	⑦間接命令的	言葉による	×（ように/と＋言う/頼む）	○	しない
		他行為の含意	×（ように/と＋する）	○	
	⑧行為規定的	—	×（許可か可能表現）	○	しない

第 3 章 「させる」構文の誤用観察

　日本語の「させる」構文には様々な用法があり，中国語話者にとっ
て習得が難しいと言われている（馮 1999，庵 2010）。しかし，運用上に
おける使役文の用法別の誤用分析及び学習過程に注目した研究は少な
く，学習者の使用実態について十分に明らかにされていない。

　本章では，現在公開されている中国語話者の縦断的作文コーパスで
最大規模とされる台湾東呉大学の『LARP at SCU コーパス第 2 版』（以
下「LARP at SCU コーパス」とする。）の分析結果から，使役文用法別
の誤用のパターン，学習問題点及び学習過程を究明する。さらに，予測
できる誤用の要因を探り，中国語話者の「させる」構文の習得仮説を立
てる。

　本章の構成は次の通りである。3.1 で，中国語話者の「させる」構文
の誤用分析に関する先行研究を概観してから，本研究の立場を述べる。
3.2 で，コーパスの紹介と分析手順について説明した上で，中国語話者
の「させる」構文の使用実態について，用法別の全体的誤用傾向（横断
的分析）及び習熟度による誤用傾向（縦断的分析）を捉える。3.3 で，
本章の誤用観察の結果と第 2 章の対照研究の結論に基づき，中国語話者
による「させる」構文用法別の習得仮説を立てる。3.4 で，本章の論述
をまとめる。

3.1 先行研究及び本研究の立場
3.1.1 先行研究

　中国語話者の「させる」構文の誤用分析に関しては，中国語話者の
作文と会話によく見られる誤用例の分析（佐治 1992，浅山 1996，市川
1997，王 2008，望月 2009 など）や対照研究に基づいた母語干渉の可能
性を検討した研究（張 2001）があり，顕著な誤用例及びその原因を究
明する質的分析が進んでいる。しかし，中国語話者の運用上における「さ
せる」構文の使用の全体像までは捉えられていない。近年コーパスの公
開に伴い，そのデータを考察した研究（王 2016，岩田 2012 など）が注

目されるようになってきた。学習者の使用実態を知るにはコーパス調査がより有効だと考えられる。

　近年コーパスを用いた研究では，管見の及ぶところに限れば，『日本語学習者による日本語作文と，その母語訳との対訳データベースver.2.CD-ROM 版』の作文を分析した小林（2006），上級レベル以上の在日中国人留学生による日本語作文を分析した望月（2009），『KY コーパス』の会話を分析した岩田（2012），『ＹＵＫタグ付き中国語母語話者日本語学習者作文コーパス 2015』Ver.5 の作文を分析した王（2016）しか見当たらない。

　小林（2006）では，韓国語，中国語，英語話者のそれぞれ 66 名と日本語話者 66 名の日本語使役文の使用状況を見ている。基本的に，使役者と被使役者の有情・非情の観点から使役文を 4 パターン（①Ｘ有情・Ｙ有情，②Ｘ有情・Ｙ非情，③Ｘ非情・Ｙ有情，④Ｘ非情・Ｙ非情）に分類し，それぞれの母語話者による使役文の分布及び余剰（本研究で言う「過剰使用」）などの誤用を提示している。66 名の中国語話者の使用状況については，14 の使用例（うち誤用は 3 例）の分布を示すことにとどまり，それ以上の分析は行われていないため，使用実態が不明瞭であると言える。

　岩田（2012）では，『KY コーパス』の会話のデータを利用し，韓国語，英語，中国語話者の誤用を分析している。3 ヶ国語の母語話者に見られる誤用の特徴として，「16 例の誤用中 12 例が使役を使わなくてもいいのに，使役を使ったがために起こった誤用である。」という興味深い指摘がある。しかし，使役文の用法別の使用実態及びそれぞれの母語話者が起こす誤用の特徴については詳しく分析していない。

　小林（2006）も岩田（2012）も 3 ヶ国語の母語話者の誤用を研究対象としており，中国語話者の誤用数は 10 例程度しか挙げられていない。それに対して，望月（2009），王（2016）では中国語話者の作文のみ取り扱っている。そこでこの 2 点について詳しく述べたい。

　望月（2009）では，上級レベル以上の在日中国人留学生による日本語作文コーパスを用い，動詞の自他，使役，受身表現といったヴォイス

の誤用に焦点をあて，対応する中国語と対照させながら，母語干渉の可能性及び誤用のパターンを分析した。その結果，次のような合計 7 例の誤用例が収集されている。

・脱落 2 例（①は本研究で言う「させる」の不使用,②は他表現との混同）
① ＊海水面を上昇する　　　→ 海水面を上昇させる
② ＊生活を充実される　　　→ 生活を充実させる

・付加 5 例（①⑥は本研究で言う「させる」の過剰使用，⑦は他表現との混同，④⑤は文脈と助詞が関係するため判定しかねる）
③ ＊視聴者に刺激させる　　→ 視聴者を刺激する
④ ＊紙の品質を向上させる　→ 紙の品質が向上する
⑤ ＊混ませる　　　　　　　→ 混んでいる
⑥ ＊感動させる　　　　　　→ 感動する
⑦ ＊持たせる　　　　　　　→ 持ってもらう

　誤用例が少ないながら，望月（2009）は中国語話者による日本語の使役文に関して，脱落による誤用よりも，付加による誤用のほうが多いことを指摘している。そして，「させる」の付加による誤用が多いのは，中国語が「原因事象を表わす文＋使役標識を用いて結果事象を表す文」という基本文型に起因すると論述している。
　王（2016）は添削，正誤タグ及び研究タグ付与済みの中国語話者の作文コーパス『ＹＵＫタグ付き中国語母語話者日本語学習者作文コーパス 2015』Ver.5 を利用している。コーパスには学習歴 3 ヶ月〜 10 年の中国語話者の作文データ（感想文，卒業論文，修士論文など計 2,155 ファイル，計 3,664,073 文字）が収録されている。使役文の分類は基本的に森（2002）に基づき，8 種類に分けられている。結論として，中国語話者による 215 例の「させる」の誤用について，主に次のような指摘がされている。

① 誤用は（サ）セルの「欠如」（自分を充実し→充実させ），「過剰」
（語気を緩和させる→緩和する），受身や授受との「混同」（宿題を
終わられる→終わらせる），「動詞＋（サ）セルの誤り」つまりコ
ロケーションの誤り（興味を発展する→充実させる）の4パター
ンがある。

② 誤用パターン別の誤用率は，欠如31.16％＞過剰27.91％＞動詞＋
（サ）セルの誤り23.72％＞混同17.21％。「欠如」のうち「因果関係」
の意味・用法の誤用が最も多く88.06％を占めている。

③「欠如」の誤用は，漢語サ変動詞や再帰性を持つ構文（主に「因果
関係」），及び複文に多く，その原因は母語の干渉，自他動詞の混同，
不十分な事態把握にある。

　王（2016）では誤用パターンを示した後，誤用率の最も高い「欠如」
の誤用例及び誤用の原因について詳しく分析している。とりわけ注目す
べき誤用は「因果関係」の欠如で，「漢語サ変動詞の誤用」と「再帰性
を表す構文の誤用」の2パターンがあることを指摘している。「漢語サ
変動詞の誤用」については，日本語では「生産を発展させる」，「仕事を
完成させる」のような漢語サ変動詞（自動詞または自他両用動詞）が用
いられる使役文は，中国語では"发展生产"，"完成工作"のような「他
動詞＋目的語」と対応するため，母語干渉が起こっている。「再帰性を
表す構文の誤用」については，「自分を充実する・満足する」，「日本語
レベルを向上する」のような漢語サ変動詞が用いられた14例のほかに，
「目をかがやく」，「心身をリラックスする」，「心を落ち着く」の3例が
挙げられ，中国語話者は自動詞または自他両用動詞を他動詞として用い
るため，「させる」の「欠如」が生じたと論述している。
　王（2016）は誤用の数，誤用のパターン，使役文の意味・用法と誤
用の関わりについて体系的に検討しており，その点は評価すべきであ
る。一方，その分析は誤用のパターンに重きが置かれているため，使役

文用法別の誤用傾向が不明である。「欠如」が顕著に見られた「因果関係」に関して，「再帰性を表す構文の誤用」の多くは漢語サ変動詞が用いられ，「漢語サ変動詞の誤用」と見なすこともでき，しかもそれらの誤用の原因も同じように分析されている。よって，その分類の有用性は高いとは言えない。そして，日中両言語の対応関係を無視した分類を用いているため，日本語教育の立場から使役文の分類を見直した上で誤用分析を行う必要性があると考える。

　上記の研究のほかには，中国語話者の作文や会話によく見られる誤用例の分析や対照研究に基づいた母語干渉の可能性を検討した研究として，佐治（1992），張（2001），王（2006）などが挙げられる。

　佐治（1992）では，使役表現に関して，とりわけ心理の動きを表す誤用例に焦点が当てられている。「このことは私を感動させた」のような表現は一応成り立つが，「人以外の事物が，使役文の主語になって，人が使役の対照になっているような言い方は，いわゆるバタくさい言い方であって，外国語直訳調の感じがする。」（佐治 1992: 235）と述べている。

　張（2001）では，中国語の使役マーカー「让」の意味機能の母語干渉により，中国語話者が犯す誤用のパターンと原因を次の 3 点に帰結している。

①「让」は受身と使役の両方の意味を持つため，「受身」の代わりに「使役」を用いることがある。

②「让」は「させた」の動作実現と「ように言った」の願望の両方の意味を持つため，「〜ように言った」の代わりに「使役」を用いることがある。

③「させる」の「放任」の意味では人の動作にのみ適用されるが，「让」は人にも，物にも適用されるため，「〜ままにして」の代わりに「使役」を用いることがある。

王 (2006) は, 佐治 (1992) などの先行研究で分析されている誤用例 (計 10 例) を用い, 「させる」の過剰使用と不使用の現象及び原因を分析した。「させる」の過剰使用は心理の動きを表現する場合に起こり, その原因は中国語では使役形のほうが使いやすいためであるとしている。そして,「させる」の不使用は日本語の動詞の自他の未習得, 複文の整合性, 使役者の直接的な働きかけへの認識という 3 つの問題に起因すると指摘している。

3.1.2 先行研究の問題点及び本研究の立場

これまでの研究は誤用例そのものに注目するものから, コーパスを利用し誤用率なども視野に入れた誤用分析へと変わる動向が見受けられる。コーパスを利用した研究で使役文の誤用傾向について,望月 (2009) では付加 (「させる」の過剰使用), 王 (2016) では欠如 (「させる」の不使用) が最も顕著に見られると異なる指摘がされている。このように一致しない見解が見出された原因として,コーパスが同質でないことと,中国語話者の日本語能力のレベル (望月 (2009) では上級レベル以上の在日中国人留学生,王 (2016) では学歴 (3 ヶ月〜 10 年の中国の大学生) や作文のテーマによって, 作文の質と量が異なっていることが考えられる。

総観して, これまでの誤用分析に見られる問題点は主に次の 3 つが挙げられる。それらを提示した上で, 本研究の立場を示していく。

① これまでの「させる」構文の誤用分析は, 中国語との対応関係を考慮せず, 日本語の分類に従って行われており, 母語の影響が軽視されているため, 日本語教育の立場からすると不十分であると考える。本研究では日中両言語の対応関係を重んじた分類に基づき, 誤用分析を行う。

② これまでの研究では, コーパスのデータを横断的に分析しているため, 中国語話者の学習過程が漠然としている。本研究では横断

的分析に加え，データを学年別に整理し，縦断的分析も行い，中国語話者の習熟度による誤用傾向といった学習過程も捉えたい。

③ これまでの研究は，主に「させる」の過剰使用，不使用などの誤用のパターンに注目し，パターン別の誤用の要因について検討している。一般的に日本語教育の現場では，文法項目を用法別に導入していることから，誤用のパターン別の分析は複数用法に渡ることが多いため，教育現場に応用しにくと思われる。本研究では使役文の意味・用法に焦点を当て，用法別に誤用分析を行う。

3.2「させる」構文の誤用観察

本節では，LARP at SCU コーパスに見られる中国語話者の「させる」構文に関する観察結果を述べる。以下，横断的に用法別の誤用傾向，縦断的に習熟度による誤用傾向に分けて観察する。

3.2.1 観察概要

本研究では LARP at SCU コーパスを利用し，コーパスに見られる誤用を観察し，中国語話者による「させる」構文の使用実態，誤用傾向及び学習問題点を明らかにしたい。まずコーパスの概要を述べてから，分析方法を述べる。

3.2.1.1 コーパスの概要

LARP at SCU コーパスは台湾東呉大学の日本語学科が運営する日本語習得研究プロジェクト「Language Acquisition Research Project at Soochow University」で，学習者の縦断的な作文コーパスである。このコーパスは，2003 年 9 月に入学した 37 名の学生が 1 年後期〜 4 年後期の 33 回にわたって書いた作文 959 篇[注10] が収録され，総文字数は 433,714 字である。作文は毎月 1 回 600 字程度で，作文 1 とインタビューの後に，学生が作

注10　合計 1221 篇の計算になるが，初回以降，作文を書いた人数が徐々に減少したため，その数に達していない。

88

文1に修正を加えた作文2がある。本稿では修正が加えられていない作文1のみを分析対象としている。

　以下，作文が書かれた時期及び作文のテーマなどの詳細な情報について，『LARP at SCU コーパス 第2版』の CD に附属している「各回の調査時期と作文テーマ」の原文を引用し提示する。

各回の調査時期と作文のテーマ

調査回	実施年月日	作文題目	学年	学期	参加人数
第1回	20040317	私の一日	1年生	後期	35
第2回	20040414	春休み			37
第3回	20040505	私の部屋			37
第4回	20040602	私の夢			36
第5回	20040623	高校生活			36
第6回	20040922	忘れられない出来事	2年生	前期	34
第7回	20041027	十年後の私			34
第8回	20041124	もし一千万元があったら			34
第9回	20041208	大学生活に期待すること			33
第10回	20050105	私と日本語の出会い			33
第11回	20050302	お正月	2年生	後期	31
第12回	20050406	携帯電話			31
第13回	20050504	母の日			31
第14回	20050525	友情			31
第15回	20050608	流行			31
第16回	20050928	夏休み	3年生	前期	29
第17回	20051019	私の愛用品			28
第18回	20051123	旅する			28
第19回	20051214	選挙			28
第20回	20060104	2006年を迎えて			28
第21回	20060301	最近の出来事	3年生	後期	28

第 22 回	20060329	スポーツ			27
第 23 回	20060426	町（街）			27
第 24 回	20060524	私の愛読書			27
第 25 回	20060614	最後の夏休み			27
第 26 回	20060927	台湾のデモについて	4 年生	前期	27
第 27 回	20061018	ゴミ問題			27
第 28 回	20061122	台湾の外食文化			26
第 29 回	20061213	コーヒー文化			26
第 30 回	20070103	野良犬の問題			26
第 31 回	20070307	少子化	4 年生	後期	26
第 32 回	20070411	大学生の恋愛観			26
第 33 回	20070516	LARP に参加した感想			26

ご注意

1) 実施年月日はあくまでも目安です。その日に一斉に調査が行われたわけで
はありません。

2) 調査最終回の作文のテーマは「LARP に参加した感想」でしたが、学習者
26 番、27 番、34 番の 3 名のみ、「私が OL になったら」というテーマの作
文を書きました。

3) 台湾の大学は、通常 9 月に新学期が始まり、6 月に学年が終了します。学
期は前期と後期に分かれ、学期と学期の間には長期休暇（夏休みと冬休み）
が入ります。

3.2.1.2 分析の手順

LARP at SCU コーパスに見られる中国語話者の「させる」構文の使
用実態を明らかにするために，次の分析手順を踏んで考察を行う。

① 作文 1 の 959 篇を一文ずつ確認し，「させる」が用いられた文，用
いることのできそうな文を抽出した。(114) のように，述語動詞が 2
つ以上ある場合は，それぞれ 1 つの文とカウントする。そこで得ら
れた文は計 183 例であった。具体的には次のような例文が含まれる。

A.「させる」が用いられた文

(111) *しかも、私に能力試験を受けるようにはげしました。とても
　　　 <u>感動させました</u>。

(112) ときどき、母も私たちを青年公園を連れて、蓮の池の側に座っ
　　　 て、<u>絵を書かせた</u>。

(113) *だから、自分は自分に日本語を<u>使わせられる</u>ことになります。

B.「させる」が使えそうな文

(114) *最後の夏休みは<u>身心を充実し</u>、自分の<u>価値を提昇して</u>、そう
　　　 したら、きっと後悔しないと思う。

(115) ?だから、10年後私は絶対もう<u>母に心配されません</u>。

(116) *両親はいつも私に<u>勉強をさされません</u>でした。

② 日本語教育に携わっている日本語母語話者の3名に自然さの判定
　 と訂正をしてもらった。誤用の判定基準として，使役文に関わる
　 要素，つまり使役者，被使役者，使役者と被使役者を示す助詞，
　 述語動詞，「V+させる」を中心に，自然さの判定をし，不自然な
　 箇所をそれぞれ訂正してもらった。判定が揺れた場合は，3名のう
　 ち2名が一致している判定を採用した。

③ 本研究では，「させる」構文の用法別の使用実態を明らかにするこ
　 とを目的とするため，単なる「させる」構文の誤用を中心に分析を
　 行う。「させ＋られ」のような複合的表現，または慣用句・述語動詞
　 のコロケーション・表記に関する間違いなどは，本研究の調査目的
　 から逸れるため対象外とする。間違いの判定は日本語母語話者の訂
　 正に基づいている。その基準で最終的に分析データとなる文を130

例に絞った。具体的に対象外とした例文は次のようなものがある。

A.「させ＋られ」のような複合的表現

(117) *もしいつも私は本当に一千万元があたったら、きっと父と母に全部<u>貯金させられます</u>。

(118) こんな手段で本当に大統領を<u>やめさせられるか</u>。

B. 慣用句

(119) *私は日本語があまりよくないから、いい作文を書けない。時々「<u>先生に迷惑させるか</u>」と思っている。

(120) *こちらが悪かった所もあるのは言うまでもない。但し、その態度が一番<u>腹に立たせた</u>。

C. 動詞のコロケーション

(121) *自分の<u>価値を提昇して</u>、そうしたら、きっと後悔しないと思う。

(121) *畑は私に穏やかな<u>気持をやらせてくれた</u>ような大自然の能量があります。

D. 表記

(123) * だから、最後の夏休みに必ず自分の計画を<u>完成せよう</u>。

(124) * 絶対自分の犬に野良犬に<u>ならさせない</u>。

④ これまでの手順を経て得られた 130 例に対し，使役文の用法別の正用数・誤用数と誤用率を集計し，誤用のパターン及び予測可能な誤用の要因を探る。更に，中国語話者の習熟度による誤用率を提示し，用法別の習得難易度を測る。

3.2.2 用法別の誤用傾向

　分析対象となる 130 例を用法別に分け，全体の正用数・誤用数（「させる」の不使用による誤用も含む）・誤用率を集計した。その結果は表 8 の通りである。

表 8.　中国語話者による使役文用法別の誤用傾向

用法	正用数：誤用数	誤用率
他動的	14：48	77.4%
心理誘発的	17：22	56.4%
指示・許容的	24：5	17.2%
有責的	—	—
自動的	—	—
合計	55：75	57.6%

　表 8 が示すように LARP at SCU コーパスに出現する使役文の用法は 3 種類のみで，使用率と誤用率の高い順に並べると，「他動的」＞「心理誘発的」＞「指示・許容的」になる。

　一方，「させる」構文特有の「有責的」と「自動的」の使用は皆無である。この原因として，日本語初級教材における使用が少ない（岩田 2012）ため，学習者がこれらの用法に触れる機会が少ないことと，作文のタイトルによって内容が限られているため，使用する必要性がほとんどないことなどが考えられる。

　森（2012）は BCCWJ を利用し，母語話者による日本語使役文の使用実態を調査した結果，「他動的」の使用率が最も高いという結論を得ている。LARP at SCU コーパスの分析結果から，中国語話者も同様の使用傾向にあることが分かった。

　次に，用法別の誤用のパターン及び予測できる誤用の要因について考察する。なお，誤用のパターンに関しては，本研究では次のように定義する。

表9. 「させる」の誤用パターン

誤用パターン	定義	誤用例
不使用	「Vさせる」を使うべきところで，「させる」の不使用。	発展する (誤) ↔ 発展させる (正)
過剰使用	「V」を使うべきところで，「Vさせる」の使用。	感動させた (誤) ↔ 感動した (正)
他表現混同	「られる」や「てもらう」を使うべきところで「させる」の使用，又はその逆。	笑われる (誤) ↔ 笑わせる (正) 座らせる (誤) ↔ 座ってもらう (正)
Yの助詞混同	被使役者の後ろで「を」を使うべきところで，「に」の使用，又はその逆。	に (誤) ↔ を (正) を (誤) ↔ に (正)
Vtの非用	有対動詞で，「Vt」を使うところで，「Viさせる」の使用。	ならせたい (誤) ↔ したい (正) 燃えさせる (誤) ↔ 燃やす (正)
不適切述語	意味が類似するもので，不適切な述語の使用。	熱くならせた (誤) ↔ 暖めた (正) 嬉しくさせる (誤) ↔ 喜ばせる (正)
その他	その他の誤用	宣伝車で走らせる (誤) ↔ 宣伝車を走らせる (正)

3.2.2.1 「他動的」用法

　LARP at SCU コーパスに見られる中国語話者の「させる」構文の誤用のうち，「他動的」用法の誤用率が最も高く，77.4% を占めている。その誤用のパターン及び誤用数を表10 にまとめる。。

表10. 「他動的」における誤用のパターン

誤用パターン	不使用	過剰	他表現混同	Vtの非用	Y助詞混同	不適切述語	その他
誤用数	22	12	6	4	4	1	1

　「他動的」用法においては，48 例の誤用のうち，(15)(16) のように，日本語も中国語も自他両用動詞で，「増加させる，完成させる」を使うべきところで，「増加する，完成する」を使った「不使用」が15 例見られた。

94

(125) ＊子供の数を<u>増加する</u>ことを一刻も早くやるべきなことだと国々
　　　は今解決しなければいけないことになるかもしれないと思う。
　　　　　　　　　　　　　　　　　　　　　　　　　　（4 年後期）

(126) ＊私は料理を作ることがまた下手なので、ただ買い物したり、野
　　　菜や肉などを切たりしました。昼の頃、もういろいろな料理を
　　　<u>完成しました</u>。　　　　　　　　　　　　　　　（2 年後期）

　また，日本語と中国語において述語動詞の自他が対応しない場合，
(127) (128) のように，日本語では「成立させた，済ませる」を使うべき
ところで，「成立した，済む」を使った「不使用」が 7 例見られた。

(127) ＊今，犬が好きという人たちは野良犬を助けるため，組織を<u>成立</u>
　　　<u>した</u>。　　　　　　　　　　　　　　　　　　　　（4 年前期）

(128) ＊こうして一日三食は全べて外で<u>済む</u>のもおかしくなくなる。
　　　　　　　　　　　　　　　　　　　　　　　　　　（4 年前期）

　(125) (126) のように，日本語が中国語と同様に述語動詞が自他両用動
詞の場合，そして (127) (128) のように，日本語が自動詞で中国語が自他
両用動詞の場合には，日本語では「他動的」使役文がよく用いられるが，
中国語では通常他動詞文が優先されるため，使役マーカーが不要となる。
　「させる」の「不使用」に続き，(129) (130) のように，他動詞の「戻した，
起こす」を使うべきところで，「戻させた，起こさせる」を使った「過剰
使用」が 11 例見られた。

(129) ＊主人公はそのことを知ってたり，ET を手伝ったりして太空に
　　　<u>戻させた</u>。　　　　　　　　　　　　　　　　　　（2 年後期）

(130) ＊今回の運動は最後こんな状況になってしまってマスコミによっ

て起こさせているかもしれないと思う。　　　　　　　　（4年前期）

　また，(131) (132) のように，他動詞の「叶えたい，燃やして」を使うべきところで，「Vi+ させる」の構造をなす「叶わせたい，燃えさせて」を使った「Vt の非用」が4例見られた。

(131) * この夢はまだ遠いですが，私は叶らず叶わせたいです。
　　　　　　　　　　　　　　　　　　　　　　　　　　（1年後期）

(132) *その一方で、ゴミ問題を解決するために、ゴミを集めて燃えさせて灰にする考えが出来ました。　　　　　　　　（4年前期）

　(129) ～ (132) は共通して，日本語では述語が有対動詞であり，「させる」が用いられたことによって起こる誤用である。野田（2001）では，日本語のヴォイスを形態的な面から，文法的なヴォイス（例えば「させる」構文），中間的なヴォイス（「燃える」対「燃やす」），語彙的なヴォイス（「死ぬ」対「殺す」）の3種に分けている。三者の優先順位は原則として語彙的なヴォイス＞中間的なヴォイス＞文法的なヴォイスであると指摘している。要するに，対応する他動詞を持つ自動詞の場合，日本語では一般的に「Vi+ させる」を用いる必要がなく，他動詞文が優先されると考えられる。これに対して，中国語では特に日本語のような優先順位がなく，使役マーカーの“让”を付けた「他動的」使役文が用いられることが多い。
　以上の理由から，日本語の動詞自他用法の未習得と，母語干渉による「させる」の不使用と過剰使用，及び有対動詞の非用が生じたと考えられる。

3.2.2.2「心理誘発的」用法
　LARP at SCU コーパスに見られる中国語話者の「させる」構文の誤用のうち，「心理誘発的」用法の誤用率が「他動的」用法の次に高く，56.4% を占めている。その誤用のパターンと数を表11にまとめる。

表 11.「心理誘発的」における誤用のパターン

誤用パターン	不使用	過剰	他表現混同	Vt の非用	Y 助詞混同	不適切述語	その他
誤用数	2	5	5	―	10	―	―

　「心理誘発的」用法においては，誤用例 22 例のうち，(133) (134) のようなYを示す助詞の誤用が最も多く，10 例見られた。これに対し，「指示・許容的」，「他動的」には助詞の誤用は合わせて 4 例しか見られなかった。

(133) ＊もちろん，これは内緒で，母に喜ばせるために。　　　（2 年後期）

(134) ＊母の日なのに，母に心配させたのはたいへんすまなく思っておる。
　　　　　　　　　　　　　　　　　　　　　　　　　　　（3 年後期）

　(133) (134) のような「心理誘発的」用法の場合，複数の学習者が誤ってYを示す助詞に「に」を用いた。中国語には助詞がないため母語干渉によるものとは考えられない。考えられる原因は，日本語では「太郎が次郎に買い物に行かせた。」のような典型的な使役文の場合，有情物Yを示す助詞として「に」が多用されるため，「に」の過剰一般化の可能性がある。
　Yを示す助詞の次に誤用が多いのは，「させる」の過剰使用と他表現混同で，5 例ずつ見られた。まず過剰使用の誤用例から見ていく。

(135) ＊留学生のMちゃんが中国語スピコンの優勝を取った。当日，
　　　　本当に感動させた。　　　　　　　　　　　　　　（3 年後期）

(136) ＊私に能力試験を受けるようにはげしました。とても感動させ
　　　　ました。　　　　　　　　　　　　　　　　　　　（3 年後期）

(135) (136) のような一人称又は不特定多数の心理を表す場合，日本語
では通常「本当に感動した」のような自動詞文を用いる。一方，中国語
ではXの省略された「让我 / 人感动。」(私 / 人を感動させた。) のよう
な使役文がよく用いられるため，学習者が「本当に感動させた。」とい
う不自然な表現を用いた可能性がある。興味深いことに中国語では，通
常Yが必須であるにも関わらず，(135) (136) ではYが省略されている。
それは日本語ではYの省略がよくあることから，その過剰一般化が生
じたと考えられる。したがって，「本当に感動させた。」のような誤用は，
母語干渉と日本語の文法規則の過剰一般化の相互作用によって生じた例
と推測できる。

　そして，他表現混同による誤用の5例はいずれも，(137) (138) のよう
な受身表現との混同であり，待遇表現との混同は見られなかった。

(137) * あの時、携帯電話があったら、立派な人と思わせます。

(2年後期)

(138) *最近の研究によると、スポーツをするとき、頭はある化学成分は
　　　生産され、人に愉快な気持ちを感じられる利き目があるそうだ。

(3年後期)

　(137) では，受身の「立派な人と思われます。」を使うべきところで，
使役の「立派な人と思わせます」が用いられている。一方，(138) では
逆に使役の「愉快な気持ちを感じさせる利き目」を使うべきところで，
受身の「愉快な気持ちを感じられる利き目」が用いられている。このよ
うな受身と使役の混同は，「他動的」と「指示・許容的」に共通して見
られ，張 (2001) で指摘されているように，"让" は受身と使役の両方
の意味を持つため，母語干渉による誤用の可能性が考えられる。

3.2.2.3「指示・許容的」用法

　LARP at SCU コーパスに見られる中国語話者の「させる」構文の誤

用のうち,「指示・許容的」用法の誤用率が最も低く,17.2% を占めている。その誤用のパターンと数を表 12 にまとめる。

表 12. 「指示・許容的」における誤用のパターン

誤用パターン	不使用	過剰	他表現混同	Vt の非用	Y 助詞混同	不適切述語	その他
誤用数	1	—	3	—	1	—	—

「指示・許容的」用法は使用率も誤用率も低く,29 例のうち誤用は 5 例見られた。そのうち,他表現混同による誤用は 3 例で,助詞の誤用,「させる」の不使用は 1 例ずつ見られた。

表 12 が示すように「指示・許容的」用法においては,誤用数が少ないが,他表現混同による誤用が半分以上を占めており,注目に値する。具体的には,(139) (140) のような待遇表現「てもらう」との混同が 2 例と,(141) のような受身表現「られる」との混同が 1 例見られた。

(139) *母には,高級な化粧品を欲しがっているので,それをプレゼントしたいです。兄なら私と同じ日本へ行きたがっているから,私と一緒に行かせます。　　　　　　　　　　(2 年前期)

(140) *それから,お茶と同じように用意して,訪ねてくる友達に飲んでもらうこともあるそうだ。友達を長く座させようというやさしさが感じる。　　　　　　　　　　　　(4 年前期)

(141) *私の親友は日本語が好きので,日本語を選びました。ところが,その授業を受けてから,練習の相手がなかったので,彼女はいつも私に日本語を習われました。　　　　　　(2 年前期)

最も中心的な用法とされている「指示・許容的」用法の誤用例が最も少ない。第 2 章の対照研究の考察で明らかにしたように,中国語の使

99

役文は日本語より待遇恩恵的制限が緩く，(139) (140) のような文脈はいずれも"让"構文を用いることができる。また (141) は，"让"は受身と使役の意味を持ち合わせるため，使役の「習わせようとしました」の代わりに，受身の「習われました」を用いてしまった受身表現との混同と考えられる。

　庵（2010）では「指示・許容的」用法について，使役にはゆれが見られ，和語＞サ変動詞という習得のしやすさの差があると指摘している。しかし，LARP at SCU コーパスの分析結果によれば，Y の助詞混同の誤用を除き，残った 4 例の誤用のうち，和語は 3 例あり，サ変動詞は「辞任する」の 1 例のみであった。よって，庵（2010）で指摘されているような習得のしやすさの差が確認できなかった。もちろんこのような結果の齟齬は，分析対象となるデータの量や質の差によって生じる可能性は否定できない。

　本研究で使用した LARP at SCU コーパスより収集したデータが不十分であるため，待遇表現と受身表現との混同による誤用，及び和語とサ変動詞による習得難易度を検証するには，今後，大量のデータの収集またはアンケート調査を用いて検討する必要がある。

3.2.3 習熟度による誤用傾向

　3.3.1 では，LARP at SCU コーパスに見られる 130 例の誤用を 1 つのデータとして考察し，中国語話者の「させる」構文の習得における用法別の誤用傾向を分析した。ここでは，中国語話者の習熟度による誤用傾向を見ていく。習熟度は大学の学年（日本語学習開始 1 年目，2 年目，3 年目，4 年目）を基準と設定する。

　中国語話者の習熟度による誤用傾向を考察するために，まずコーパスから収集した 130 例の誤用を用法別に分け，1 年後期〜4 年後期のそれぞれの正用数・誤用数（「させる」の不使用は「不」で示す。）・誤用率を集計した。その結果は表 13 の通りである。

表 13. 学習者の学期ごとの使役文用法別の正用数・誤用数・誤用率

用法	誤用率	正用数：誤用数（「させる」の不使用）							
		1年後	2年前	2年後	3年前	3年後	4年前	4年後	合計
他動的	77.4%	0:3 (-)	0:4 (1)	1:4 (2)	3:12 (5)	3:10 (7)	6:11 (5)	1:4 (3)	14:48 (23)
心理誘発的	56.4%	1:2 (-)	1:3 (-)	5:9 (1)	1:1 (1)	6:4 (-)	3:2 (1)	0:1 (-)	17:22 (3)
指示・許容的	17.2%	2:0 (-)	2:2 (-)	5:1 (-)	2:0 (-)	1:0 (-)	10:2 (1)	2:0 (-)	24:5 (1)
合　計	57.6%	3:5 (-)	3:9 (1)	11:14 (3)	6:13 (6)	10:14 (7)	19:15 (7)	3:5 (3)	55:75 (27)

　表 13 から分かるように，4 年後期のデータが予想以上に少ないため，その原因を簡単に説明しておく。LARP at SCU コーパスに収録されている作文は，基本的に各学期に 5 篇あるが，4 年後期のみ 3 篇となっている。そして 4 年後期は 37 人のうち，1 回以上参加していない学生が 14 人もいたため，全体の用例数が少ない。

　表 13 の 1 年後期，2 年前期〜 2 年後期，3 年前期〜 3 年後期，4 年前期〜 4 年後期を，それぞれ日本語の学習開始 1 年目，2 年目，3 年目，4 年目に換算すると，中国語話者の習熟度による使役文用法別の誤用率は図 6 の通りになる。

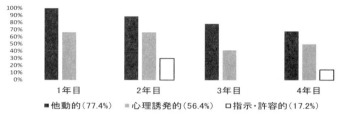

■ 他動的(77.4%)　　■ 心理誘発的(56.4%)　　□ 指示・許容的(17.2%)

図6.　中国語話者の習熟度による使役文用法別の誤用率

　図6から分かるように，1年目〜4年目の誤用率はいずれも，「他動的」＞「心理誘発的」＞「指示・許容的」の順に高い。そこで，誤用率の高い用法から習熟度による誤用傾向を見ていく。

3.2.3.1 「他動的」用法
　表13から「他動的」用法の用例数（「させる」の不使用による誤用も含む）は，「心理誘発的」，「指示・許容的」より倍近く高いことが分かる。特に3年前期から大幅に増加する傾向が見られる。そして図6を見ると，「他動的」用法の誤用率は学習年数の経過につれ，やや減少する傾向が見られるが，「心理誘発的」，「指示・許容的」を上回って70%前後を維持していることから，「他動的」用法は中国語話者にとって習得が最も難しいことが伺える。
　誤用をパターン別に見ると，(142) (143)のような使役形の「完成させる」，「済ませる」を使うべきところで，「させる」を使っていないことによる不使用の誤用は1年後期以外の学期に一貫して見られる。

(142)　＊私は料理を作ることがまた下手なので，ただ買い物したり，野菜や肉などを切たりしました。昼の頃，もういろいろな料理を<u>完成しました</u>。 (2年後期)

(143)　＊朝から晩まで，食事は全部外で<u>済む</u>人もおおぜいいるかもしれない。 (4年前期)

　また，(144)(145)のような他動詞の「する」，「戻す」を使うべきところでの「させる」の過剰使用と，(146)(147)のような他動詞の「ばらす」，「燃やす」を使うべきところで，有対動詞を使用せず「させる」を使ったがために起こった誤用は，4年後期以外の学期に一貫して見られた。

(144)　＊普段はあまり清潔しないので、お正月が来る前にちゃんとあちらこちらを整理して、家をきれいに<u>させます</u>。　　　　　（2年後期）

(145)　＊ETを手伝ったりして太空に<u>戻させた</u>。　　　　　　（3年後期）

(146)　＊互いに暗面を<u>ばれさせる</u>のはちょっとですが、それも国民に真実を伝えるいい機会だと思います。　　　　　（3年前期）

(147)　＊ゴミを集めて<u>燃えさせて</u>灰にする考えが出来ました。　（4年前期）

　江田（2009）では，会話・小説・科学的入門書など9種類180万字のコーパスを用いて「させる」構文を調査し，書き言葉では「他動的」用法は無視できず，大学で学ぶ学習者にとってはぜひ習得してもらいたい形だと指摘している。図6からの中国語話者の誤用傾向を見れば，学習年数を問わず学習者にとって「他動的」用法の習得が最も難しいことが伺える。日本語教育の立場から考えると，「他動的」の指導を疎かにすると使役文の習得が進まない恐れがある。

3.2.3.2 「心理誘発的」用法
　表13，図6が示すように「心理誘発的」用法の誤用はすべての学期に見られ，3，4年目になっても40％以上の誤用率を出している。誤用をパターン別に見ると，(148)のような一人称又は不特定多数の心理を表す場合，「させる」の過剰使用が1〜4年目にかけて見られ，(149)のような受身との混同による誤用は1〜3年目にかけて見られる。そして(150)のようなYを示

す助詞による誤用は9例あり，主に2年後期[注11]に集中している。

(148) ＊私はこの高校に入った時ちょっと<u>びっくりさせました</u>が，でもだんだん慣れてきました。 (4年前期)

(149) ＊三重という町はよく人に悪いイメージを<u>感じられる</u>。 (3年後期)

(150) ＊<u>母に心配させない</u>ようにほどいい子になる。 (2年後期)

　以上のことから，「心理誘発的」も学習年数を問わず学習者にとって比較的習得が難しいことが分かる。日本語教育の立場から「心理誘発的」にも指導の重点を置く必要があると考える。

3.2.3.3「指示・許容的」用法

　表13，図6から分かるように，「指示・許容的」用法は4年前期[注12]を除き，使用数も誤用率も相対的に少ない。そのため，学習年数別の習得難易度については詳細な分析が不可能だが，図6からは「他動的」，「心理誘発的」用法と比べ，「指示・許容的」用法の誤用率が明らかに低いことが伺える。また周知のように，日本語母語話者の場合でも中心的な用法である「指示・許容的」用法の使用率は低い。日本語教育の視点から考えると，最も習得されやすい「指示・許容的」用法よりも，「他動的」，「心理誘発的」用法の問題点に注意を払って導入したほうが効果的であろう。

3.3 習得仮説の提起

　本節では，第2章の対照研究で得られた見解と照らし合わせ，3.2節3.3節の誤用観察の結果に基づき，中国語話者の「させる」構文の習得における用法別の仮説を立てたい。その理由は次の通りである。

注11　2年後期の『母の日』という作文に出現する「心理的」は11例あるため，2年後期の使用数が比較的多い。

注12　4年前期の『台湾のデモについて』という作文に出現する「基本的」は9例あるため，4年前期の使用数が比較的多い。

　一般的に，第 2 言語習得は臨界期（7 〜 8 歳や 10 〜 12 歳の諸説あり）を過ぎると習得が困難になり，母語干渉が避けがたいとされている。そして母語干渉を検討する方法の一つとして，学習者の母語と目標言語の対照研究が有効である。対照研究を通して，ある表現（語彙や文法など）における両言語の対応するところと対応しないところが浮き彫りになる。通常，両言語が対応しないところで，母語の負の転移が起こり得ることが想定できる。一方で，対応しないところに必ず誤用が起こるとは限らず，また対応するところに必ず誤用が起らないとは限らない。学習者の誤用は，目標言語の文法規則の過剰一般化など母語以外の要素が影響することもあれば，対象となる表現ではなく他の表現のずれが影響する（3.4.1 を参照されたい）こともあると考えられる。そのため，日中対照研究で得られた見解だけで，学習者の習得仮説を立てることは妥当ではない。

　野田・迫田・渋谷・小林（2001：5）では，学習者の誤用のもつ意義について，次の 3 点を指摘している。「第一に，私たちが無意識に使っていることばのルールが明らかになる。」，「第二に，学習者がどの程度分かっていて，どこまでつまずいているのかが分かる。」，「第三には，学習者は誤用を犯すことによって，自分なりのルールの検証をし，間違いだと気づくことで軌道修正を行い，習得を進めていく」。言い換えれば，誤用観察の意義の一つ（第二の意義）として，学習者の習得と未習得の箇所が分かる。

　一方，習得と未習得の箇所が分かっても，誤用の原因が十分に解明されないこともあり，それだけで習得仮説を立てることは合理的ではない。そこで，誤用観察に基づき，対照研究で得られた見解と照らし合わせ，中国語話者の「させる」構文の習得仮説を立てることが妥当だと考える。そして，その習得仮説は多数が考えられる中，本研究では日本語教育の視点から，LARP at SCU コーパスで中国語話者に用いられている用法に注目したい。さらに，用法別に誤用のパターンが多数観察されたが，基本的に誤用数の多いパターンに関する仮説を提起する。

3.3.1 「他動的」用法に関する仮説

　3.3 節での LARP at SCU コーパスの観察結果から，中国語話者にとって「他

動的」用法が，最も習得困難であることが分かる。「他動的」用法において，誤用のパターンが多数あり，ここでは各誤用パターンの数を示す表 10 を，再掲しておく。

表 14.「他動的」における誤用のパターン（表 10 の再掲）

誤用パターン	不使用	過剰	他表現混同	Vt の非用	Y 助詞混同	不適切述語	その他
誤用数	22	12	6	4	4	1	1

「他動的」用法では，最も多い誤用パターンは「させる」の不使用で 22 例ある。そのうち，述語が「増加する，実現する，完成する」のような自他両用動詞が 16 例で，不使用の 7 割近くを占めている。よって，コーパスの誤用観察の結果によれば，述語が自他両用動詞の場合，中国語話者が誤用を生み出す可能性がより大きいと予測できる。

それから，母語干渉を考慮し，「他動的」用法における「させる」構文と"让"構文の対応関係を確認しておく。ここでは，第 2 章の対照研究で得られた表 5 を再掲する。

表 15.「他動的」における「させる」構文と"让"構文の対応関係
（表 5 の再掲）

他動的		させる	让	対応
自動詞	変化過程あり	○	○	する
	変化過程なし	○	×（他動文）	しない
他動詞	—	○	×（他動文）	しない
自他両用動詞	高制御性	○	○	する
	低制御性	○（他動文不可）	○（他動文可）	する
日中自他異なる	—	△（他動文）	△（他動文）	しない

106

　表 15 が示すように，「他動的」用法において述語動詞は，変化過程なしの自動詞，他動詞の場合，「させる」構文と"让"構文が対応しない。また日中両言語で述語動詞の自他が異なる場合，両構文が対応しない。このように両構文が対応しないところで，母語干渉で誤用が起こる可能性が考えられる。よく知られている中国語話者の誤用例として，「＊委員会を成立する」，「＊経済を発展する」などがそれに当たる。このような誤用は，実際に LARP at SCU コーパスにも見られたが，誤用数が比較的少なく，「＊食事は全部外で済む」，「＊一日三食はすべて外で済む」，「＊組織を成立する」，「＊ビジネスを発展する」の 4 例のみである。

　一方，述語動詞は自他両用動詞の場合，「させる」構文と"让"構文が基本的に対応するのにも関わらず，それに関わる誤用は LARP at SCU コーパスでは最も多く見られた。表 15 の対応関係から見れば，両構文が 1 対 1 で対応すると理解できるが，場合によっては「させる」構文に対応する中国語は"让"構文と他動詞文の両方が可能である。例えば，「被保険者の人数を増加させる」のような「低制御性」（被保険者の人数は人為的にコントロールがしにくいため，制御性が低いと考える。）の場合，中国語では他動詞文の「増加参保人数」（被保険者の人数を増加する）を用いることがよくあるが，日本語ではそれが不自然になる。この場合，中国語の他動詞文に対応する日本語では他動詞文が成立せず，「させる」構文を用いることになる。よって，中国語話者が母語の他動詞文をそのまま日本語に転換し，「させる」の不使用が生じると考えられる。このように「させる」構文と"让"構文が対応していても，他動詞文など他の表現との対応関係が複雑に絡んでいる場合は，誤用が生じることもある。

　以上，「させる」構文の誤用観察に基づき，日中対照研究の結論と照らし合わせた分析から，「他動的」用法に関して次の習得仮説が導き出される。

　仮説 A：「他動的」使役文において，使役者の制御性が低く，述語動詞が
　　　　　日本語も中国語も自他両用動詞である場合，母語干渉が生じやす
　　　　　く，他動詞文が用いられ，「させる」の不使用が起こることが多い。

3.3.2「心理誘発的」用法に関する仮説

3.3 節での作文コーパスの観察結果から，中国語話者にとって「心理誘発的」用法が「他動的」用法に続き，習得が難しいことが分かる。ここでは表 11 を再掲し，「心理誘発的」用法の各誤用パターンの数を示しておく。

表 16.「心理誘発的」における誤用のパターン (表 11 の再掲)

誤用パターン	不使用	過剰	他表現混同	Vt の非用	Y 助詞混同	不適切述語	その他
誤用数	2	5	5	—	10	—	—

表 16 が示すように，Y を示す助詞の混同による誤用が最も多い。日本語では Y を示す助詞に関する指摘は次のようなものがある。寺村 (1982) では許容, 放任の意味の使役なら「〜に」, 強制, 誘発なら「〜を」となることが一般的である。なお，自分に責任があるという意識で使う使役表現は「〜を」を取ると指摘している。日本語教育学会 (2005) では, 自動詞の使役で，被使役者の意志に関わらない場合と感情動詞及び動作主が非情物の場合は「〜を」を取り，意志性のある他動詞（をの重複を避けるため）と自動詞文で被使役者の意志に働きかけて，そうするように仕向ける場合（例：子供に「いただきます」と言わせる。）は「〜に」を取ると記述している。したがって，本研究で言う「心理誘発的」用法は，寺村 (1982) の「誘発」, 日本語教育学会（編）(2005) の「感情動詞」に相当し，被使役者を示す助詞は「に」ではなく,「を」を取ることが分かる。

ようするに，日本語では Y を示す助詞は，被使役者の意志性, 使役文の意味・用法，述語動詞などの要素によって,「に」を取ったり,「を」を取ったりする。LARP at SCU コーパスの観察結果によれば，助詞の誤用は 10 例あり,「心理誘発的」用法に最も多く見られたが,「他動的」,「指示・許容的」用法にもそれぞれ 4 例と 1 例見られたため,「心理誘発的」用法に特有の誤用とは言い難い。そこで，Y を示す助詞の誤用を今後の

課題として残すことにし，「心理誘発的」用法にしか見られない誤用に注目したい。

　誤用数が 2 番目に多かったのは，他表現との混同と「させる」の過剰使用で，それぞれ 5 例あった。他表現との混同の多くが受身表現の「られる」との混同であり，Y を示す助詞と同様に，「他動的」と「指示・許容的」用法がそれぞれ 5 例と 1 例見られたため，今回の仮説対象から外すことにした。それで，「心理誘発的」用法については，「させる」の過剰使用に焦点を当てる。例を挙げると，「* 本当に感動させた」のような誤用例がある。

　次に，「心理誘発的」用法における「させる」構文と "让" 構文の対応関係を見てみたい。ここでは第 2 章の対照研究で得られた表 4 を再掲しておく。

表 17. 「心理誘発的」における「させる」構文と "让" 構文の対応関係

(表 4 の再掲)

心理誘発的	させる	让	対応
Y が一人称	△（自動文）	○	しない
感知心理活動	×（自動文）	○	しない
その他	○	○	する

　表 17 が示すように，Y が一人称の場合と感知心理活動を表す場合には，「させる」構文と "让" 構文が対応しない。両構文が対応しないところで，誤用が起こる可能性が考えられるが，「让人想起就想笑」（思い出すと笑いたくなる）のような感知心理活動に関わる誤用は LARP at SCU コーパスには見られなかった。その原因として，文構造の複雑さや文脈上の必要性の低さが考えられる。一方，Y が一人称に関わる誤用は 5 例見られた。すでに 2.3.2.1 で述べているように，Y が一人称（「人 / 人々」を含む）の場合，"让" 構文が成り立つ。「させる」構文が成り立つ場合もあるが，不自然に感じられるものが多い。日本語では，基本的に能動文で一人称

109

の感情などの心理活動を表す。中国語話者は母語干渉で能動文を用いず，「＊本当に感動させた」のような「させる」の過剰使用が起こると推測できる。

　以上，「させる」構文の誤用観察に基づき，日中対照研究の結論と照らし合わせた分析を通し，「心理誘発的」用法に関して次の習得仮説が導かれる。

　　仮説 B：「心理誘発的」使役文において，被使役者が一人称(或いは「人」)
　　　　　　である場合，母語干渉が生じやすく，自動詞文が用いられず，
　　　　　　「させる」の過剰使用が起こることがある。

3.3.3「指示・許容的」用法に関する仮説

　3.3 節での作文コーパスの観察結果によると，中国語話者による中心的用法の「指示・許容的」の誤用が最も少ないことが分かる。ここではまず，表 12 を再掲し，「指示・許容的」用法の誤用パターン別の数を示しておく。

表 18.「指示・許容的」における誤用のパターン (表 12 の再掲)

誤用パターン	不使用	過剰	他表現混同	Vt の非用	Y 助詞混同	不適切述語	その他
誤用数	1	－	3	－	1	－	－

　「指示・許容的」用法においては，表 18 が示すように，全体的に誤用数が少ない中で，他表現との混同が相対的に多い。そして，他表現との混同のうち，待遇表現の「てもらう」との混同が 2 例，受身表現の「られる」との混同が 1 例見られた。ここでは「てもらう」との混同に注目したい。なぜなら，「指示・許容的」用法で「られる」との混同は「他動的」，「心理誘発的」用法より数が少なく，「てもらう」との混同は「他動的」，「心理誘発的」用法より数が多いためである。

　次に，「指示・許容的」における「させる」構文と“让”構文の対応関係を見てみたい。ここでは第 2 章の対照研究で得られた表 3 を再掲しておく。

表 19. 「指示・許容的」における「させる」構文と"让"構文の対応関係

(表 3 の再掲)

指示・許容的	させる	让	対応
待遇恩恵制限あり	○	○	する
待遇恩恵制限なし	×(てもらう)	○	しない

(○:成立する,×:成立しない,△:成立する場合としない場合がある,以下同様。)

　第 2 章の対照研究で述べたように,「指示・許容的」用法においては,"让"構文には待遇恩恵的制限がなく,「させる」構文にその制限がある。日本語では,一般的に待遇恩恵を表す場合は「てもらう」で表現する。そのため,中国語話者は待遇恩恵的制限を意識せず,母語干渉により"让"を「させる」に転換した結果,「てもらう」との混同が起こる可能性が考えられる。

　「させる」構文の誤用観察に基づき,日中対照研究の結論と照らし合わせた分析を通し,「指示・許容的」用法に関して次の習得仮説が導かれる。

仮説 C : 「指示・許容的」使役文において,待遇恩恵的な意味合いを伴う場合,母語干渉が生じやすく,「てもらう」構文を使うべきところで,「させる」との混同が起こることがある。

3.4 本章のまとめ

　本章では,台湾東呉大学の LARP at SCU コーパスを利用し,中国語話者による「させる」構文の誤用観察を行った。具体的には,使役受身,動詞のコロケーション,表記ミスなどの要因を取り除き,観察対象を単純な使役文(単純な使役文を使うべきものを含む)を 130 例に絞った。そして 130 例を使役文の用法別に分け,用法別の誤用傾向及び習熟度による誤用傾向,推測される誤用の要因を中心に検討した。それから,誤用観察の結果に基づき,第 2 章の対照研究の結論と照らし合わせ,用法別に習得仮説を立てた。「させる」構文の誤用観察で得られた知見は次

のようにまとめることができる。

　まず, LARP at SCU コーパスに出現する使役文の用法は 3 種類のみで, 使用率と誤用率の高い順に並べると, 「他動的」＞「心理誘発的」＞「指示・許容的」になる。全体的に誤用のパターンを見ると, 「他動的」用法は「させる」の不使用, 「心理誘発的」用法は Y を示す助詞の混同, 「指示・許容的」用法は他表現との混同による誤用がそれぞれ顕著に見られた。それらの誤用の主な原因として, 日本語の動詞の自他用法の未習得, 日本語の文法規則の過剰一般化, 母語干渉などが考えられる。

　次に, 習熟度による誤用傾向の分析を通し, 「他動的」用法の用例数（「させる」の不使用も含む）が, 「心理誘発的」, 「指示・許容的」用法より倍近く高く, その誤用率は学習年数の経過につれ, やや減少する傾向が見られるが, 「心理誘発的」, 「指示・許容的」用法を上回って 70% 前後を維持していることから, 「他動的」用法は中国語話者にとって習得が最も難しいことが判明した。

　最後に, 主に数の多い誤用のパターンに注目し, 第 2 章の対照研究で得られた結論と照らし合わせ, 次のように用法別の習得仮説を立てた。

仮説 A：「他動的」使役文において, 使役者の制御性が低く, 述語動詞が日本語も中国語も自他両用動詞である場合, 母語干渉が生じやすく, 他動詞文が用いられ, 「させる」の不使用が起こることが多い。

仮説 B：「心理誘発的」使役文において, 被使役者は一人称（或いは「人」）である場合, 母語干渉が生じやすく, 自動詞文が用いられず, 「させる」の過剰使用が起こることがある。

仮説 C：「指示・許容的」使役文において, 待遇恩恵的な意味合いを伴う場合, 母語干渉が生じやすく, 「てもらう」構文を使うべきところで, 「させる」との混同が起こることがある。

第4章「させる」構文の検証調査

　従来の中国語話者の「させる」構文の習得研究は，主として誤用分析とアンケート調査の2つの研究方法が用いられている。本研究では，基本的に張（2011）が提唱する「対照研究・誤用観察・検証調査」という三位一体の研究方法を踏襲し，誤用観察に続き本章では検証調査を行う。

　本研究の検証調査では，第3章で立てた「他動的」,「心理誘発的」,「指示・許容的」用法に関する習得仮説に基づき，アンケート調査を行った。本章では，調査結果の考察を通し，用法別の習得仮説の妥当性を検証する。調査では，中国語文を参考に，与えられた動詞を使い，日本語の訳文を完成させる課題Ⅰと，与えられた動詞を使い，日本語文を完成させた後，中国語の訳文を完成させる課題Ⅱという2つの課題を設けた。被験者は，JFL（外国語としての日本語）環境の中国語話者99名（日本語能力レベルは「無資格」,「N2/専四」,「N1」の3グループ）である。

　本章の構成は次の通りである。4.1で，中国語話者の「させる」構文の習得に関して，アンケート調査を用いた先行研究を概観し，本研究の立場を述べる。4.2で，アンケート調査の概要とデータの整理方法について説明する。4.3で，調査結果を提示した上で用法別の誤用傾向と日本語能力レベルによる誤用傾向を考察し，習得仮説の妥当性を検討する。4.4で，本章の論述をまとめる。

4.1 先行研究及び本研究の立場
4.1.1 先行研究
　これまで，中国語話者による「させる」構文の習得に関しては，誤用分析に焦点を当てた研究が多い（佐治1992,岩田2012,王2016など）。アンケート調査を用いた習得研究は，管見の限り馮（1994），庵（2008），庵（2010）しか見当たらない。

　馮（1994）では，母語干渉という視点から中国語話者の日本語使役文の学習を困難にする要因を探っている。アンケート調査は，日本人群

（大学生と社会人），短期学習者群（中国人の在日留学生で，日本滞在期間平均 1.3 年），日本語専攻群（中国のある大学の日本語専攻の学生で，日本語学習歴平均 4.1 年），長期学習者群（中国人の在日留学生で，日本滞在期間平均 4.8 年）の中国語話者を調査対象とし，被使役者を示す助詞（「に」と「を」）の選択課題と，日本語の自然さ評定課題の 2 つを設けている。そして，調査文は楊（1989）の研究結果を参考に，日中両言語の使役文における 8 つの相違点を中心に作られている。（馮 1994：89）ではその研究成果を次のようにまとめている。

① 使役マーカーと比べ，使役文の構文文法の学習のほうが中国人にとってより困難である。
② 共通項目の学習においては母語による促進的影響，相違項目においては母語による干渉的影響がある。
③ 両言語の使役文に関する相違点がすなわち中国人の日本語使役文の学習の問題点である。
④ 相違項目のうち，日本語不自然の項目よりは中国語不自然の項目のほうが学習の困難度が高い。
⑤ 中国人の学習者は日本語より中国語使役文の構文文法を基準にして，日本語使役文の自然さを判断する。
⑥ 学習年数とかかわりなく，相違項目の学習における母語の干渉が一貫して存在する。

庵（2008）では，「中国語にも日本語にも漢語があるため，中国語母語話者は日本語習得において有利な点がある。しかし，一方で漢語の知識が負の転移として働いて誤用を引き起こす場合もある。」と主張している。庵（2008）は漢語サ変動詞の自他に関する習得研究で，動詞の受身形と使役形も考察対象としている。調査形式は，与えられた文脈に沿って「VN する，VN される，VN させる」から一つ適切な答えを選ぶという三肢選択課題（例：人間の気持ちは天候に（影響します　影響されます　影響させます）。）を設けている。調査文は 1 例の「有責的」用

114

法のほか，「指示・許容的」と「他動的」用法に限られている。結論として，漢語サ変動詞における中国語話者の習得傾向は，「受身形がよく習得されているのに対し，使役の習得率は低い。特に，「他動詞に相当する使役形」は全く習得されていない。」と論述している。

庵（2010）では，中国語母語話者による漢語サ変動詞のボイス習得研究のために予備調査を実施し，漢語の知識が負の転移となって習得を阻害する場合があることを示唆した。使役文に関しては「子どもたちを正門の前に集合させました。」のような中心的な用法だけ取り扱い，「使役にはゆれが見られ，和語＞サ変動詞，自動詞＞他動詞，という習得のしやすさの差がある。」と指摘している。庵（2010）は使役文の一つの用法について議論しているため，使役文の習得の全体像までは捉えられていない。

4.1.2 先行研究の問題点及び本研究の立場

ここ数十年，学習者の中間言語に関する研究を皮切りに，第2言語習得の普遍的・発達的側面が強調されるようになっている。使役表現に関する研究で，馮（1994）や庵（2008）は下火になっていた母語の言語転移の特性に再び注目する立場を取っている。近年，母語干渉の存在を支持する研究には，中俣（2014）などが挙げられる。中俣（2014）は，中国語話者による「も」構文の習得研究で，日本語の自然さ判定課題，中国語会話の日本語翻訳文を完成させる課題，作文課題の3つの調査形式を取っている。アンケート調査の結論として，「この結果は，産出のための文法を考える際には，日本語学の視点のみから記述された文法では不十分で，学習者の母語についても考慮する必要があること，またJFL環境における検証調査の重要性を示している。」と指摘している。本研究では，この論考と同様に母語干渉と検証調査の重要性を認める立場を取り，中俣（2014）の調査形式を参考にする。

総観して，アンケート調査を用いた中国語話者の「させる」構文の習得研究に見られる問題点は主に次の3つが挙げられ，それらを述べながら本研究の立場を示していく。

① 研究の問題意識について，馮（1994）は対照研究を出発点とし，日中両言語の相違項目に注目している。庵（2008）は大学の上級学習者に限って，誤用例を考察している。これでは，中国語話者の運用における全体の使用実態を反映できず，日本語の教育現場に生かすための知見としては不十分だと思われる。本研究では，中国語話者の作文コーパスに見られる誤用傾向に問題意識を持ち，上級学習者に限らずアンケート調査を行う。

② 調査課題の形式について，馮（1994）は助詞の選択課題と自然さ評定課題，庵（2008）は三肢選択の形式を取っている。このような形式では，3つの点において疑問点が残る。まず，中国語話者が調査文の日本語を完全に理解できず，不注意で大事な箇所を見過ごす場合があり，そこで得られた答えの信憑性は低い。そして，中国語話者は答えがよく分からない場合はとにかく答えようとして，適当に評定または選択することも考えられる。最後に，自然さ評定課題について，中国語話者がどこに（使役と関わる箇所か否か）注目して評定しているのかが把握できない。本研究では，なるべく上記のような疑問点を無くすことを心がけ，次の2つの課題を設定した。課題Ⅰは，与えられた動詞を用い，中国語の例文に対応する日本語の訳文を完成させる問題で，課題Ⅱは与えられた動詞を使い，日本語文を完成させた後，中国語の訳文を完成させる問題である。そして，アンケート調査後，適宜フォローアップ・インタビューを行い，被験者（計12人）にそれぞれの回答を書いた理由を尋ねた。

③ 調査文の内容について，馮（1994）では構文文法に関する31例の調査文に，日中両言語における10余りの共通項目と相違項目を取り入れている。母語干渉による習得の困難度を考慮しているものの，構文上（XとYの意志性や関係，動詞の性質など）の異同に焦点を当てている。文法項目ごとの調査文が1例か2例しかない

ため，用法別の誤用傾向が十分に明らかにされたとは言い難い。庵（2008）は漢語サ変動詞を研究対象としており，ヴォイスに関わる習得研究である。調査に用いられた問題文は 1 例の「有責的」用法のほか，「指示・許容的」と「他動的」用法に限られ，中国語話者によく用いられる「心理誘発的」用法を取り扱っていない。本研究では，作文コーパスに用いられている「他動的」，「心理誘発的」，「指示・許容的」用法に注目し，各用法に顕著に見られる誤用パターンに基づき調査文を設定する。

4.2 調査概要とデータの整理

この節では，主にアンケート調査の実施状況について述べたい。具体的には，調査時期と対象者，調査課題，実施方法，データの整理の順に概観する。

今回のアンケート調査は研究を目的としたもので，協力者の氏名を公表することはなく，調査で得られたデータは研究目的以外に使用しないことを口頭で説明したあと，全員に調査票の冒頭にある「同意」の項目をチェックしてもらい，調査協力の承諾を得た。

4.2.1 調査時期と対象者

本調査は 2016 年 5 月 30 日から 6 月 1 日まで，日本語専攻課程を設置している中国陝西省西安市にある 2 つの大学において行った。被験者は学部 2 年生から 4 年生の日本語専攻課程に在学中の中国語話者 99 名である。以下，被験者の内訳を表 20 にまとめる。

表 20. 検証調査の被験者の内訳

大学	学年	人数	日本語能力レベル（人数）					
			N1	N2	専四	J-test	無資格	未回答
A	3	26	7	1	15	—	3	—
	4	14	15	—	—	—	—	—
B	2	27	—	—	—	—	26	1 ※
	3	29	1	2	19	1 ※	4	1 ※
	4	3	1	2	—	—	—	—
総人数		99	24	5	34	1 ※	33	2 ※

　本研究ではアンケート調査の計画段階では次のように予定していた。被験者に関しては，日本語能力レベル別に分け，日本語能力試験「N1」，「N2 相当」，「N2 以下」の学習者を 30 名ずつにする。調査時期に関しては，協力大学の後期学期末にする。

　実施した調査では，被験者の日本語能力レベルと人数は，表 20 が示すように，「N1」が 24 名，「N2/ 専四」が 39 名，「無資格」が 33 名（※は考察対象外。それについては 2.2.4 を参照されたい）で，おおよそ計画の通りであった。「専四」は「専門四級」の略称で，基本的に中国の大学生の日本語能力を測る試験であり，日本語能力試験 N2 レベルに相当する。「無資格」には日本語能力試験の未受験者と，受験はしたが合格できなかった者が含まれ，そのうち 2 年生は 26 名，3 年生は 7 名である。そして調査時期について，中国の大学では新学期が 9 月に始まるため，調査は後期学期末の 5 月 30 日から 6 月 1 日の 3 日間で行った。調査協力を仰いだ大学の日本語の教員に確認したところ，被験者は全員『綜合日语』（総合日本語）の全課（第一冊〜第四冊）の学習を終えていることが分かった。2 つの大学では同じく北京大学出版社の『綜合日语』[注13]の修訂版を使用している。

注 13　『綜合日语』は 2006 年に "普通高等教育 ‘十一五’ 国家級規劃教材"（高等教育国家級規定教材）に指定されている。

4.2.2 調査課題

　調査課題は 2 つあり，課題 I は中国語文を参照に，与えられた動詞を使い，日本語の訳文を完成させる課題である。課題 II は与えられた動詞を使い，日本語文を完成させた後，中国語の訳文を完成させる課題である。自然さ評定と選択課題の形式では，被験者が与えられた問題文をどのように理解認識しているのか，どの部分に注目して回答しているかを把握できない可能性がある。そのため，本研究では母語の翻訳を介して，被験者の理解度をある程度確認できる翻訳と文章完成を融合させた課題を設定した。

　被験者の負担を考慮し，課題 I も課題 II も仮説 A，B，C それぞれが 3 問ずつ計 9 問で，使役文と関係のないダミー（例：私は英語ができません）の 4 問と合わせて 13 問とした。課題 I と課題 II の問題文は計 26 問である。それらを 4.3 調査結果および仮説検証にて列挙する。

　なお，調査課題の問題作成にあたり，次の 4 点に注意を払っている。1 点目は，観察したいタイプの述語を被験者が使用しない可能性があるため，あらかじめ述語動詞を提示することにした。2 点目は，回答の負担を減らすために，中国語を日本語に翻訳する課題 I では，調査目的から逸れる部分に対し，適宜日本語を提示しておいた。3 点目は，被験者に分からない語彙のないよう，なるべく漢字語彙は同形同義であるものまたは学習者が意味を推測しやすい語彙，和語は N3 語彙を選択した。4 点目は，同じ使役文の用法の問題文が隣接しないように，仮説 A，B，C に関する問題文の順番を不規則に配置した。

4.2.3 実施方法

　アンケート調査票は調査協力の承諾，個人情報，課題 I，課題 II の 4 つの部分からなり，A3 用紙 1 枚に両面印刷した。調査開始の直前に，辞書などの資料や隣の人の回答を参考にせず，正誤や点数を気にしないで直感で答えるように指示した。回答時間は 45 分以内に設定しており，開始時間と終了時間を記入するように指示した。調査後，回答時間を集計したところ，平均して 20 分程度であることが分かった。

調査は2つの大学で4回に分け，A大学では3年生と4年生を対象に1回ずつ，B大学では2年生と3年生を対象に1回ずつ行った。回答後，その場で調査票を回収し，4回で計12人にフォローアップ・インタビューを実施した。フォローアップ・インタビューの対話は，あらためて被験者に口頭での承諾を得て録音した。

4.2.4 データの整理

調査結果と仮説検証の前に，アンケート調査のデータの整理方法を説明しておく。

まず，被験者の個人情報を「所属大学，学年，日本語能力レベル，対象者ナンバー」の項目に分けて整理した。日本語能力について，無回答者はNo.48とNo.63の被験者で，J-testと回答したのはNo.96の被験者である。No.96の被験者は日本語を回答する箇所で，全問に「動詞の辞書形」と書いており，調査後本人に確認したところ，日本語の動詞の活用が難しくて答えが分からないから，全部同じ形にしたとのことであった。そこで，以上の3名のデータを捨象し，最終的に96名の回答を有効なデータとした。

次に，回答の正誤判定について，中国語を日本語に翻訳する課題Ⅰと日本語を中国語に翻訳する課題Ⅱに分けた上で，ダミーを除いた仮説A，B，Cの正誤判定を行った。正誤判定は，調査問題文を作成する際に4〜5人の日本語母語話者に協力を仰いだ自然さ判定に基づいている。しかし，問題文と回答の中国語も日本語も使役文と関係しない表現が用いられた場合，本研究の研究対象ではないため，「無効回答」とした。言い換えれば，日本語と中国語の両方とも使役文またはそのいずれかが使役文の場合に限り有効回答とし，正誤判定を行った。例えば，(151)(152)の回答（下線の箇所）のように，中国語の訳文は「私は本当に心配だ」，「彼が代わりに郵便局に行ってくれた。」という意味を表す能動文である。そして，日本語も使役文ではなく，能動文が用いられている。このような回答をすべて「無効回答」と見なした。

(151) うちの子供は中々勉強してくれないから、<u>本当に　心配している</u>。
(心配する)

| 我家 | 孩子 | 不好好 | | 学習, | <u>我</u> | <u>非常</u> | <u>担心</u>。 |
| うち | こども | ちゃんとしない | 勉強 | 私 | 本当に | 心配 |

(152) 私は用事があるので、<u>彼に　代わりに　郵便局に 行きます</u>。
(行く)

| 我 | 有 | 要緊 | 事, | <u>他</u> | <u>代</u> | <u>我</u> | <u>去</u> | <u>邮局</u>。 |
| 私 | ある | 大事な | こと | 彼 | 代わり | 私 | 行く | 郵便局 |

　そして，調査の際，全問に回答するように指示したが，結果的に空欄のある調査票がいくつもあったため，データの分析に当たり，空欄の箇所は無回答として統計し，「無効回答」とした。

　上述の理由により，本調査では基本的に日本語も中国語も使役文，または片方だけに使役文が用いられた回答を「有効回答」とし，その正用と誤用の数を集計し，中国語話者の誤用傾向を分析した。対象外の回答や無回答を「無効回答」と見なすため，データの分母と分子が，96に満たないケースが出てくることを断っておく。

4.3 調査結果及び仮説検証
　本節ではアンケート調査の結果を提示した上で，用法別の誤用傾向と日本語能力レベルによる誤用傾向を考察しながら習得仮説の検証を行う。

4.3.1 用法別の誤用傾向及び仮説検証
　ここでは，中国語話者による「させる」構文の習得について，用法別の誤用傾向を見ていく。アンケート調査で得られた各仮説の誤答率は下記の図7の通りである。以降，仮説A，仮説B，仮説Cの順に調査結果を示した上で，その考察と仮説検証を行う。

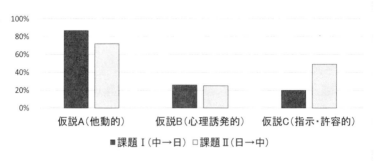

図 7. 中国語話者の使役文習得における各仮説の誤答率

4.3.1.1「他動的」用法

「他動的」用法について，まず仮説 A を再掲し，課題 I と課題 II の問題文を列挙する。それから，各問題文のトータル誤答率（仮説 A の予測通りの誤答，そうでない誤答を含む），仮説 A の予測通りの誤答率（以下「仮説 A 誤答率」と称する。「仮説 B 誤答率」，「仮説 B 誤答率」も同様），最多誤答形式を表 21 に示す。

仮説 A：「他動的」使役文において，使役者の制御性が低く，述語動詞が日本語も中国語も自他両用動詞である場合，母語転移が生じやすく，他動詞文が用いられ，「させる」の不使用が起こることが多い。

課題 I（中国語⇒日本語）

(153) 他的梦想是实现世界和平。
彼の夢_____。（実現する）

(154) 茶道有集中精神的效果。
茶道_____。（集中する）

(155) 这个药有增加食欲的作用。

　　　この薬＿＿＿＿＿＿＿＿＿＿＿＿＿＿＿＿＿。（増加する）

課題 II　（日本語⇒中国語）

(156) やっと、船の模型を＿＿＿＿＿＿＿＿＿＿＿＿。（完成する）

　　　＿＿＿＿＿＿＿＿＿＿＿＿＿＿＿＿＿＿＿＿＿。

(157) この講座の目的は 交通事故を ＿＿＿＿＿＿ことだ。（減少する）

　　　＿＿＿＿＿＿＿＿＿＿＿＿＿＿＿＿＿＿＿＿＿。

(158) 手を触れずに 音波で 物体を＿＿＿＿＿＿＿＿＿。（移動する）

　　　＿＿＿＿＿＿＿＿＿＿＿＿＿＿＿＿＿＿＿＿＿。

表 21.「他動的」の誤用傾向（仮説 A）

誤答	課題 I 中→日 （仮説 A 誤答率 86％）			課題 II 日→中 （仮説 A 誤答率 71％）		
	実現する	集中する	増加する	完成する	減少する	移動する
トータル誤答率 （誤答 / 有効回答）	87％ (82/94)	87％ (79/91)	89％ (79/89)	96％ (86/90)	79％ (73/93)	58％ (46/80)
仮説 A 誤答率 （不使用 / 有効回答）	84％ (79/94)	86％ (78/91)	89％ (79/89)	89％ (80/90)	71％ (66/93)	53％ (42/80)
最多誤答形式 （回答数）	する (76)	する (67)	する (68)	した / する (76)	する / した (59)	できる / する（38）

　表 21 のデータから，仮説 A に関する中国語話者による誤用について，次のような傾向が読み取れる。

① 仮説 A 誤答率は 70％以上にのぼり，このような「他動的」用法は
　中国語話者にとって習得が難しいことが分かった。

② 課題Ⅰの仮説 A 誤答率は 86％，課題Ⅱの仮説 A 誤答率は 71％で，
　課題Ⅰは課題Ⅱより高い。そして，トータル誤答率も同様の傾向
　にあり，かつ課題Ⅰの 3 問の誤答率のばらつきが小さいのに対し，
　課題Ⅱの 3 問の誤答率のばらつきが大きいことが分かった。

③ 課題Ⅱの「完成する」と「移動する」の間に，仮説 A 誤答率の開
　きが大きく，それぞれ 89％，53％であることから，動詞によって
　誤答率の揺れが存在することが分かった。

　次に，以上の調査結果について考察を行う。まず，①高い仮説 A 誤
答率について検討する。課題Ⅰ，課題Ⅱの 6 問に用いた述語動詞は「実
現する，集中する，増加する，完成する，減少する，移動する」の 6 つ
で，日本語も中国語も自他両用動詞である。問題文は課題Ⅰの「お茶は
精神を集中させる効果がある」，課題Ⅱの「交通事故を減少させる」の
ような使役者の制御性が相対的に低い表現である。その回答の大半が「お
茶は精神を集中する効果がある」，「交通事故を減少する」のように，「さ
せる」の不使用による仮説 A の予測通りの誤答である。日本語では通
常「させる」構文を用いるが，中国語では，「茶可以集中精神」（お茶は
精神を集中することができる），「減少交通事故」（交通事故を減少する）
のような他動詞文を用いることが多いため，母語干渉により中国語話者
がこのような不自然な回答を書いたと考えられる。
　それから②課題Ⅰと課題Ⅱの誤答率の差について考察する。課題Ⅰ
「実現する，集中する，増加する」の問題文のトータル誤答率がそれぞ
れ 87％，87％，89％であり，3 問のばらつきが小さい。それに対し，課
題Ⅱの「完成する，減少する，移動する」がそれぞれ 96％，79％，58
％であり，3 問のばらつきが大きい。なお，仮説 A 誤答率も同様の傾向
にある。そして，課題Ⅰの仮説 A 誤答率は課題Ⅱより高い。このよう

な違いを生み出す原因は課題 II 「移動する」の誤答率に牽制されていると考えられる。そこで，②は③の「完成する」と「移動する」と関連するため，③の誤答率の差と合わせて分析を行う。「完成する」と「移動する」が用いられている他動詞文と使役文の用例数を，BCCWJ（「現代日本語書き言葉均衡コーパス少納言」）で検索した結果，「を完成する／を完成し」は 197 件，「を完成させ」は 393 件あり，「を移動する／を移動し」は 453 件，「を移動させ」は 188 件であった。BCCWJ のデータによると，日本語では「完成する」は「移動する」より多く使役形で用いられることが分かる。このように日本語では「完成する」は他動詞文より，使役文が多用されており，どちらかというとやや自動詞寄りの自他両用動詞と言えるであろう。逆に，「移動する」は使役文より他動詞文が多用されており，どちらかというと，やや他動詞寄りの自他両用動詞と言えるであろう。興味深いことに，調査結果では，中国語話者の回答が，逆に，「移動する」が「完成する」より多く使役形で用いられている。そこで中国語の「完成」と「移動」について考えてみたい。中国語は日本語の「する」，「させる」のような形態を持たず，容易にコーパスで他動詞文と使役文の件数を検索できないため，ここでは筆者の内省により判断する。中国語では，「完成する」は「我帮他完成了任务。」（彼を手伝って，彼の任務を完成した）のように，使役者の制御性の低い（私の力だけではなく，彼の力も必要）場合でも，他動詞文がよく用いられるため，他動詞寄りの自他両用動詞であるように思われる。これに対し，「移動する」は他動詞文の使用範囲が限られており，使役文のほうがよく用いられる。例えば日本語の「二人で家具を移動させる」に対応する中国語は，他動詞文の「俩个人一起挪动（運んで移動させる）家具。」となり，「移动」を使うと不自然な文になる。しかし，問題文にあるように「手を触れずに、音波で物体を移動させる」に対応する中国語は使役文の「手不碰,用音波让物体移动。」になる。このように，中国語の「移动」はどちらかというと自動詞寄りの自他両用動詞であると考える。そのため，母語と目標言語における他動詞寄りか自動詞寄りかというずれが原因で，動詞によって誤答率に差が生じると考えられる。

4.3.1.2「心理誘発的」用法

「心理誘発的」用法について，仮説 B を再掲し，課題 I と課題 II の問題文を列挙する。それから，各問題文のトータル誤答率，仮説 B 誤答率，最多の誤答形式を表 22 に示す。

仮説 B：「心理誘発的」使役文において，被使役者は一人称（或いは「人」）である場合，母語転移が生じやすく，自動詞文が用いられず，「させる」の過剰使用が起こることがある。

課題 I （中国語⇒日本語）

(159) 刚刚看了一个很有意思的电影，太让我感动了。
　　　先ほど、面白い映画を 見た ＿＿＿＿＿＿＿＿＿ 。（感動する）

(160) 考试又没及格，太让我失望了。
　　　又 試験に 落ちて、＿＿＿＿＿＿＿＿＿＿＿ 。（がっかりする）

(161) 他的一句话让我绝望了。
　　　彼の一言＿＿＿＿＿＿＿＿＿＿＿＿＿＿＿ 。（絶望する）

課題 II （日本語⇒中国語）

(162) そんなことあるの？本当に＿＿＿＿＿＿＿＿。（びっくりする）

(163) 社長がたくさん激励の言葉をくださったので、とても＿。(感激する)
　　　＿＿＿＿＿＿＿＿＿＿＿＿＿＿＿＿＿＿＿＿＿＿

(164) うちの子供は中々勉強してくれないから、本当に＿＿＿。(心配する)
　　　＿＿＿＿＿＿＿＿＿＿＿＿＿＿＿＿＿＿＿＿＿

表 22. 「心理誘発的」の誤用傾向（仮説 B）

誤答	課題 I 中→日 (仮説 B 誤答率 26%)			課題 II 日→中 (仮説 B 誤答率 30%)		
	感動する	がっかりする	絶望する	びっくりする	感激する	心配する
トータル誤答率 (誤答/有効回答)	35% (33/95)	21% (19/89)	72% (63/88)	23% (9/39)	50% (11/22)	44% (18/41)
仮説 B 誤答率 (過剰使用/有効回答)	15% (14/95)	17% (15/89)	45% (41/88)	18% (7/39)	45% (10/22)	34% (14/41)
最多誤答形式 (回答数)	される (19)	させる (15)	させる (40)	させる (7)	させる (10)	させる (14)

表 22 のデータから，仮説 B に関する中国語話者の誤用について，次のような傾向が読み取れる。

① トータル誤答率も仮説 B 誤答率も，相対的に高くないものの，「感動」する以外の動詞において，最多誤答形式は仮説 B の通り（「させる」の過剰使用）であることが分かった。

② 課題 I も課題 II も仮説 B 誤答率の開きが大きく，動詞によって仮説 B 誤答率の揺れが存在することが分かった。

③ 課題 I の「感動する」以外の動詞の場合，最多誤答形式は「させる」であるのに対し，「感動する」だけは受身「される」であることが分かった。

以下，上記の調査結果について考察を行う。まず，①全体における仮説 B 誤答率について検討する。課題 I，課題 II の 6 問に用いられた

述語動詞は「感動する，がっかりする，絶望する，びっくりする，感激する，心配する」である。第2章の対照研究ですでに述べているように，中国語では，一人称（または一人称に相当する人）の心理状態を表現する際，「太让我感动了」（本当に私を感動させた）のような使役文がよく用いられる。これに対して，日本語では自動詞文を使ったほうが自然である。仮説Bでは母語干渉によって「私を感動させた」のように，「させる」の過剰使用が起こると予測していたが，表22のデータから課題Ⅰと課題Ⅱの仮説B誤答率が2，3割程度であることが分かる。仮説B誤用率が相対的に低いものの，決して看過できるものではない。なぜなら，トータル誤答率と仮説B誤答率の比例に注目すれば分かる。「感動する」以外の5問とも，その「過剰使用／誤答総数」は65％にも上っている。つまり，「心理誘発的」用法の誤答のうち，「させる」の過剰使用は6割以上を占めており，ある意味で仮説Bを支持する結果が出たと言える。

　次に②動詞による誤答率の揺れについて分析する。表22から「感動する」，「びっくりする」，「がっかりする」の正答率が相対的に高いことが分かる。これについて，調査後のフォローアップ・インタビューで正答を出した被験者に確認したところ，「感動」に関しては，自分の気持ちを表す場合は，「感動させる」ではなく，「感動する」というのが普通だと授業で日本語の先生に教えてもらったと答えている。「びっくりする」に関しては，教材ではよく「びっくりした」の表現を見るからとのことだった。「心理誘発的」について，とりわけ今まで中国語話者によく見られる「私を感動させた」のような表現が，しばしば研究者（佐治1992など）や教育関係者によって指摘されてきたため，教育現場での日本語教師の口頭説明や教材の例文の改善により，中国語話者が注意を払うようになってきたと推測される。一方，「絶望する」，「感激する」の誤用率が相対的に目立つのは，授業や教材で触れる機会が少なく，より母語干渉を受けやすいため，「させる」の過剰使用が起こったのではないかと考えられる。

　そして③「感動する」の問題文に対して，受身の「られる」の誤答

が多いことについて検討する。問題文の後半は「太让我感动了。」で，それを日本語に直訳すると，使役文の「本当に私を感動させた」になる。一方，誤答の「感動される」を中国語に訳すと受身文の「我被感动了」（私は感動された）になる。このような誤答が起こる原因の一つとして，受身表現と使役表現の接近と関わっていることが考えられる。日本語では「死なせる / 死なれる」や「泣かせた / 泣かれた」が似たような文脈に用いられることがある。早津（1992: 174）で述べているように，「ある文脈の中で，使役動詞による表現と受身動詞による表現とがそれほど大きな違いを感じさせないことがある。いいかえれば、ある事態を叙述するのに使役動詞による表現も受身動詞による表現も可能となるようなことがある。」これは日本語に限った言語事象ではなく，中国語においても同じことが言える。問題文の前半の「刚刚看了一个很有意思的电影」（先ほど面白い映画を見た）に，使役文も受身文も後続することができる。そして，中国語の"让"は使役と受身の両方を表せるため，被験者が使役と受身を区別せずに，「感動される」と「感動させる」の約半々の回答を出したと考える。これに対し，ほかの問題文の場合，「感動する」と異なり，中国語では受身文が使えないため，「させる」の過剰使用が一番多く見られたと考えられる。

　③についての分析は，上記のように可能性を予測することにとどめ，今後はさらなる対照分析，また学習者へのインタビューなどを通して，原因を検証する必要がある。

4.3.1.3「指示・許容的」用法

　「指示・許容的」用法について，仮説Cを再掲し，課題Ⅰと課題Ⅱの問題文を列挙する。それから各問題文のトータル誤答率，仮説C誤答率，最多誤答形式を表23に示す。

　　仮説C：「指示・許容的」使役文において，待遇恩恵的な意味合いを
　　　　　　伴う場合，母語転移が生じやすく，「てもらう」構文を使う
　　　　　　べきところで，「させる」との混同が起こることがある。

課題 I （中国語⇒日本語）

(165) 昨天，我让一位有名的算命先生给看了手相。
　　　昨日、有名な 占い師に 手相を＿＿＿＿＿＿＿＿＿＿＿＿。（見る）

(166) 刚才，我让上司确认了一下资料。
　　　先ほど、上司＿＿＿＿＿＿＿＿＿＿＿＿＿＿＿＿。（確認する）

(167) 我让前辈顺便给我买了杯咖啡。
　　　先輩に ついでに 私の分のコーヒーを＿＿＿＿＿＿。（買う）

課題 II （日本語⇒中国語）

(168) 私の手作りケーキなので、先生に＿＿＿＿＿＿たい。（食べる）
　　　＿＿＿＿＿＿＿＿＿＿＿＿＿＿＿＿＿＿＿＿＿＿＿＿＿

(169) 点心を たくさん 作り過ぎたので、友達に＿＿＿＿＿。（食べる）
　　　＿＿＿＿＿＿＿＿＿＿＿＿＿＿＿＿＿＿＿＿＿＿＿＿＿

(170) 私は用事があるので、彼に 代わりに 郵便局に＿＿＿＿。（行く）
　　　＿＿＿＿＿＿＿＿＿＿＿＿＿＿＿＿＿＿＿＿＿＿＿＿＿

表 23.「指示・許容的」の誤用傾向（仮説 C）

誤答	課題 I 中→日 （仮説 C 誤答率 21％）			課題 II 日→中 （仮説 C 誤答率 49％）		
	見る	確認する	買う	食べる ＜上下＞	食べる ＜同等＞	行く
トータル誤答率 （誤答／有効回答）	83％ (78/94)	79％ (74/94)	61％ (56/92)	75％ (41/55)	86％ (50/58)	79％ (49/62)
仮説 C 誤答率 （混同／有効回答）	11％ (10/94)	35％ (33/94)	16％ (15/92)	40％ (22/56)	71％ (41/58)	37％ (23/62)
最多誤答形式 （回答数）	見せる (20)	させる (25)	買ってくれる (17)	させる (19)	させる (35)	する／ した (19)

　表 23 のデータから，仮説 C に関する中国語話者による誤用について，次のような傾向が読み取れる。

① トータル誤答率は課題 I も課題 II も 60％以上あり，待遇恩恵的意味合いを伴う場合，「指示・許容的」用法は中国語話者にとって習得が難しいことが分かった。

② 課題 II の仮説 C 誤答率は 49％あり，課題 I の仮説 C 誤答率は 21％で，課題 II は課題 I より誤答率が高いことが分かった。

③ 同じ課題 II の使役者と被使役者の関係が「同等」である「食べる」と両者の関係が上下である「食べる」の間に，仮説 C 誤答率の差の開きが大きく，それぞれ 40％と 71％であることから，待遇関係によって誤答率の揺れが存在することが分かった。

④「見る」の問題文について，最多誤答形式の「見せる」の回答数は 21 あり，「てもらう」との混同の倍である。「買う」の問題文について，最多誤答形式は「買ってくれる」であることが分かった。

　ここから，上記の調査結果に対し考察を行う。まず，①待遇恩恵的意味合いを伴う「指示・許容的」用法の高いトータル誤用率について検討する。第 2 章の対照研究で検討したように，中国語の"让"構文は「させる」構文と異なり，待遇恩恵的制限が緩いため，被使役者が目上の人でも用いることができる。一方，日本語では一般的に授受表現の「てもらう」が対応する。調査の誤答を見ると，使役文「させる」のほかに，他動詞文の「見せる」，授受表現の「買ってくれる/行ってくれる」，自動詞文の「見た/行った」も多数見られ，表現形式は多様であることが分かる。高いトータル誤答率，そして多様な誤答形式から，中国語話者は，待遇恩的制限なしの"让"構文に対応する日本語について，どのような表現を用いるべきかをよく分かっていないことが読み取れる。この

131

問題は「てもらう」の習得とも関わっているため，本研究ではこれ以上深入りせず，周辺的使役表現の一つとして今後の課題としたい。

　次に，②課題Ⅱの仮説C誤答率が課題Ⅰより高いことについて見ていく。表23から，それは課題Ⅰの「見る」，「買う」と，課題Ⅱの「同等関係」の「食べる」との誤答率の開きによるものと見ていいと思われる。「見る」と「買う」の誤答率はそれぞれ11％と16％で，課題Ⅱの「同等」の「食べる」は最多の71％を占めている。このような結果が生じた原因として，1つは③と関わる問題で，もう一つは④と関わる問題だと考えられるため，③④で詳しく検討する。

　次に，③同じ「食べる」の誤答率の差について考察する。問題文(168)(169)とも使役者が「私」で，述語動詞が「食べる」であり，被使役者だけが異なる。(168)の被使役者は「先生」で，使役者とは「上下」の関係にある。(169)の被使役者は「友達」で，使役者とは「同等」の関係にある。両者の仮説C誤答率の開きが大きく，それぞれ40％と71％であることから，「上下」関係より「同等」関係のほうが，中国語話者にとって習得困難であると言える。その原因は次のように考えられる。「させる」構文の「指示・許容的」用法は，基本的に「先生が学生に発表させた」のように，身分が上の人の，身分の下の人に対する指示や許容を表す。これに対し，中国語の"让"構文はこのような待遇的制限が緩いため，使用条件は「上対下」とは限らない。そのため，中国語話者が母語干渉により待遇的制限を考慮せずに，(168)(169)の「先生に食べさせたい」，「友達に食べさせた」のような「てもらう」との混同が起こると推測できる。一方，「させる」構文は基本的に「上対下」の文脈に用いられることを意識すれば，その正反対の「下対上」の文脈に用いられにくいことが推定できる。よって，「下対上」関係の仮説C誤用率が「同等」関係より低くなっていると考えられる。

　最後に④「見る」と「買う」の最多誤答形式について検討する。前者の最多誤答形式は「見せる」で，中国語に訳すと「让看，给看」になる。後者の最多誤答形式は「買ってくれる」で，中国語に訳すと「买给我」である。両者の問題文を見ると，それぞれが「我让一位有名的算命先生

給看了手相。」（有名な占い師に手相を見てもらった。），「我让前辈顺便
给我买了杯咖啡。」，「先輩についでに私の分のコーヒーを買ってもらっ
た。」で，いずれも「让」（させる）と「给」（与える，くれる）の両方
が用いられている。よって，被験者の多くは，「让」より「给」に重き
を置き，それに対応する日本語の「見せる」，「買ってくれる」という誤
答を多く出したと考えられる。ほかに「見せる」，「買ってくれる」の次
に多い誤答形式は「見た」，「買った」であり，①で述べたように，誤答
形式は多様であるため，仮説 C 誤答率がほかの問題文より相当低くな
っている。

以上，仮説 A，仮説 B，仮説 C について，調査結果の考察を行った。
使役文用法別のトータル誤答率と仮説誤答率を図 8 にまとめる。

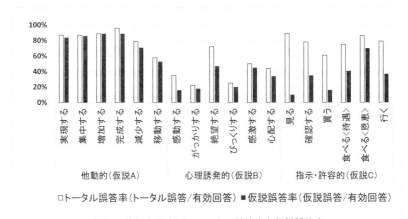

□トータル誤答率（トータル誤答／有効回答）■仮説誤答率（仮説誤答／有効回答）

図8. 使役文用法別のトータル誤答率と仮説誤答率

総観して，「他動的」用法においては，トータル誤答率と仮説 A 誤
答率が 53％〜 96％を占めており，習得仮説を十分に支持する結果が得
られた。「心理誘発的」用法においては，トータル誤答率も仮説 B 誤答
率も低いものの，仮説 B 誤答率はトータル誤答率の大半を占めるため，
習得仮説を支持する結果であると言える。「指示・許容的」用法におい

ては，各問題におけるトータル誤答率と仮説 C 誤答率の差，そして問題間の仮説 C 誤答率の差が比較的大きいが，「見る」と「買う」以外の問題は仮説 C 誤答率が高いため，習得仮説を支持する結果が出たと言えよう。

4.3.2 日本語能力レベル別の誤用傾向

4.3.1 では中国語話者による「させる」構文の習得について，仮説 A，仮説 B，仮説 C における用法別の誤用傾向を検討した。ここでは，中国語話者の学習過程を明らかにするために，日本語能力レベルによる誤用傾向を見ていく。

具体的には，仮説ごとにまず「日本語能力レベル別の平均仮説誤答率」を提示し，中国語話者の大まかな学習過程を捉える。それから「日本語能力レベル別の各問題の仮説誤答率」を提示し，学習過程において特に注目すべき特徴を突き止める。そして日本語教育の立場から，上級者の習得状況の把握が重要と考えるため，最後に日本語能力試験 N1 合格者による仮説誤答率を提示し，N1 合格者に見られる誤答傾向を重点的に検討する。

4.3.2.1「他動的」用法

中国語話者の「他動的」用法の学習過程を捉えるために，まず，日本語能力レベル別の平均仮説 A 誤答率を図 9 で示す。

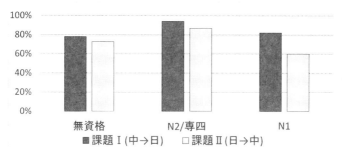

図9. 中国語話者日本語能力レベル別の仮説A誤答率

　図9が示すように，「無資格，N2/専四，N1」の被験者の仮説A誤答率がそれぞれ70％，80％，60％を超えていることから，仮説Aの予測が十分に支持される結果が得られ，N1合格者にとっても，「他動的」用法が依然として習得困難であることが示唆された。

　一方，中国語話者にとって「他動的」用法の習得が難しいからと言って，すべての「他動的」用法の習得困難度が同程度とは限らない。次の図10から，述語動詞によって習得困難度は多少異なることが分かる。

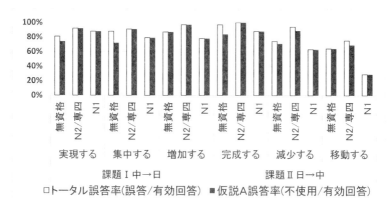

図10. 各問題における日本語能力レベル別の仮説A誤答率

「他動的」用法の調査問題文では，「実現する，集中する，増加する，完成する，減少する，移動する」の6つの述語動詞を用いた。興味深いことに日本語能力レベルがアップするにつれ，仮説A誤答率が高くなる動詞と低くなる動詞の2つのグループに分けられる。「実現する，集中する，完成する」の問題文は仮説A誤答率がやや高くなるグループで，「増加する，減少する，移動する」の問題文は低くなるグループである。2つのグループの差異は自他両用動詞の性質（自動詞寄り，他動詞寄り，中間的）によるものと考えられるが，「移動する」以外の動詞において，パーセンテージの差が小さいため，これ以上深く検討しない。図10で一番目につくのはN1合格者による「移動する」の仮説A誤答率である。そこでN1合格者の仮説Aに関する誤用傾向を表24で詳しく見てみよう。

表24. N1合格者による「他動的」用法の誤答率

誤答	課題Ⅰ中→日 (仮説A誤答率82%)			課題Ⅱ日→中 (仮説A誤答率60%)		
	実現する	集中する	増加する	完成する	減少する	移動する
トータル誤答率 (誤答/有効回答)	88% (21/24)	79% (19/24)	78% (18/23)	88% (21/24)	63% (15/24)	29% (7/24)
仮説A誤答率 (不使用/有効回答)	88% (21/24)	79% (19/24)	78% (18/23)	88% (21/24)	63% (15/24)	29% (7/24)
最多誤答形式 (回答数)	する (20)	する (17)	する (16)	した (20)	する (14)	する (4)

表24が示すように，調査の6つの問題文においてN1合格者の仮説A誤答率は29%～88%であるから，述語動詞によってN1合格者が「他動的」用法をある程度習得出来たり，出来なかったりすることが分かる。そして「移動する」に関しては，4.3.1.1で述べているように，その仮説A誤答率が最も低い。その原因は，中国語では「移動する」は自動詞寄

りの自他両用動詞であるため、母語干渉によるものと考えられる。

　以上の分析から、中国語話者は日本語の習得が進んでも、「実現する，完成する」のような中国語では他動詞寄りの自他両用動詞が用いられた「他動的」用法の習得がかなり難しく、仮説Aの通りに誤用が起こりやすい。ただし、「移動する」のような中国語では自動詞寄りの自他両用動詞が用いられる場合は、ある程度習得できるようになると結論付けることができる。

4.3.2.2「心理誘発的」用法

　中国語話者の「心理誘発的」用法の学習過程を捉えるために、まず日本語能力レベル別の平均仮説B誤答率を図11で示す。

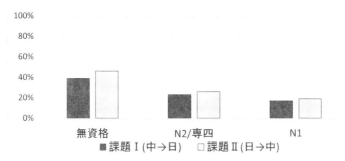

図11. 中国語話者日本語能力レベル別の仮説B誤答率

　図11が示すように、「無資格，N2/専四，N1」の被験者の仮説B誤答率がそれぞれ40％強，20％強，20％弱であることから、「心理誘発的」用法はある程度仮説Bの通りの誤用傾向が見られたが、中国語話者の日本語能力レベルがアップするにつれ、習得が進むことが示唆された。

　次に、各問題における日本語能力レベル別の仮説B誤答率を見てみよう。図12から、述語動詞によって習得困難度が大きく異なることが分かる。

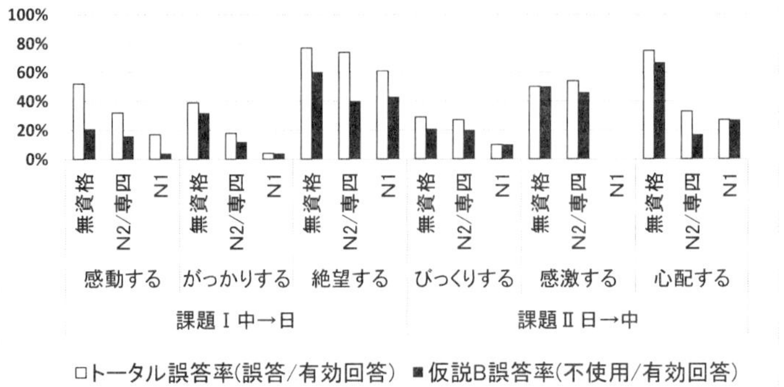

図12. 各問題における日本語能力レベル別の仮説B誤答率

　「心理誘発的」用法の調査問題文では，「感動する，がっかりする，絶望する，びっくりする，感激する，心配する」の6つの動詞が用いられている。「感激する」について，N1合格者の有効回答が正答の1例しかなかったため，分析に適さないと判断し今回の分析対象から外すことにした。図12から，仮説B誤答率は日本語のレベルアップにつれ，低くなっていることが分かる。そして，N1合格者による仮説B誤答率は，「感動する，がっかりする，びっくりする」の問題文が10%を下回っており，「絶望する，心配する」の問題文がそれぞれ40%，20%を超えている。ようするに，一人称の心理を表す「心理誘発的」用法は，N1合格者にとってやや習得しやすい場合とそうでない場合があることが伺える。そこで，N1合格者による「心理誘発的」の誤答率を表25で詳しく見てみよう。

表 25. N1 合格者による「心理誘発的」の誤答率

誤答	課題 I 中→日 (仮説 B 誤答率 17%)			課題 II 日→中 (仮説 B 誤答率 19%)		
	感動する	がっかり する	絶望する	びっくり する	感激 する	心配 する
トータル誤答率 (誤答 / 有効回答)	17% (4/24)	4% (1/24)	61% (14/23)	10% (1/10)	—	27% (3/11)
仮説 B 誤答率 (過剰使用 / 有効回答)	4% (1/24)	4% (1/24)	43% (10/23)	10% (1/10)	—	27% (3/11)
最多誤答形式 (回答数)	される / させる (各6)	させる (1)	させる (10)	させる (1)	—	させる (3)

　表 25 が示すように，調査の 6 つの問題文において N1 合格者のトータル誤答率と仮説 B 誤答率が 4%〜61%であることから，N1 合格者の中でも「心理誘発的」用法を習得できる場合と習得できない場合があると言える。そのうち看過できないのは「絶望する，心配する」の仮説 B 誤答率である。両者の仮説 B 誤答率がそれぞれ 43%，27%で，他の問題文のそれをはるかに上回っている。4.3.1.2 で述べたように，「絶望する」の誤用率が突出しているのは，中国語話者が授業や教材で触れる機会が少なく，より母語干渉を受けやすいため，「させる」の過剰使用が多く見られたと考えられる。

　以上の分析から，中国語話者は日本語の習得が進むにつれ，一人称の心理を表す「心理誘発的」用法に対応する日本語の習得がほぼ出来るようになると言える。ただし，日本語の授業や教材で取り扱われる機会の少ない「絶望する」のような心理動詞が用いられる場合は，日本語の学習が進んでも母語干渉を受けやすく，「させる」の過剰使用が起こることがある。

4.3.2.3「指示・許容的」用法

　中国語話者の「指示・許容的」用法の学習過程を捉えるために，まず日本語能力レベル別の平均仮説 C 誤答率を図 13 で示す。

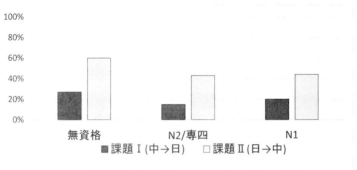

図13. 中国語話者日本語能力レベル別の仮説C誤答率

　図 13 が示すように，「無資格，N2/ 専四，N1」の被験者は同様に課題 I の仮説 C 誤答率より課題 II のほうが 2 倍以上である。そして，課題 I も課題 II も，「無資格」と比べ，「N2/ 専四」と「N1」の仮説 C 誤答率が多少減少する傾向が見られた。ただし，「N2/ 専四」と「N1」の間に殆ど差が見られない。このことから，「指示・許容的」用法は仮説 C の予測どおりの誤用傾向が見られ，中国語話者の日本語能力レベルがアップしても，習得が中々進まない可能性が示唆された。

　次に，各問題における日本語能力レベル別の仮説 C 誤答率を見てみよう。図 14 から，述語動詞によって習得困難度が大きく異なることが分かる。

140

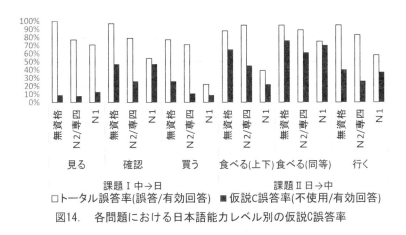

図14.　各問題における日本語能力レベル別の仮説C誤答率

「指示・許容的」用法の調査問題文では,「見る,確認する,買う,食べる,食べる,心配する」の6つの動詞が用いられている。図14が示すように,日本語能力レベルを問わず,課題Ⅰも課題Ⅱもトータル誤答率が高く,各問題における仮説C誤答率間の開きが大きい。しかし,「上下」関係の「食べる」だけ,被験者の日本語能力レベルアップにつれ,その仮説C誤答率が減少する傾向が顕著に見られた。よって,「指示・許容的」用法は日本語の習得が進むと,述語動詞,使役者と被使役者の関係によって習得しやすい場合とそうでない場合があると言えよう。

次に,表26にN1合格者による「指示・許容的」の誤答率を示す。

表 26. N1 合格者による「指示・許容的」の誤答率

誤答	課題 I 中→日 (仮説 C 誤答率 20％)			課題 II 日→中 (仮説 C 誤答率 44％)		
	見る	確認する	買う	食べる <上下>	食べる <同等>	行く
トータル誤答率 (誤答 / 有効回答)	71％ (17/24)	54％ (13/24)	22％ (5/23)	39％ (7/18)	75％ (15/20)	58％ (11/19)
仮説 C 誤答率 (過剰使用/有効回答)	13％ (3/24)	47％ (8/17)	9％ (2/23)	22％ (4/18)	70％ (14/20)	37％ (7/19)
最多誤答形式 (回答数)	見た (8)	させる (8)	させる (2)	させる (4)	させる (12)	させる (7)

　表 26 が示すように，調査の 6 つの問題文では，N1 合格者のトータル誤答率は 22％〜 75％であることから，N1 に合格しても「指示・許容的」用法の習得が多少難しいことが言える。一方，仮説の誤答率は 9％〜 70％であることから，述語動詞によって N1 合格者が仮説 C の通りの誤用を起こしやすい場合とそうでない場合もあることが推測できる。特に注目すべきは，使役者と被使役者が同等関係である「食べる」の問題文である。N1 合格者の仮説 C 誤用率が 70％を占めていることから，同等関係の「指示・許容的」用法はより母語干渉を受けやすいため，「てもらう」との混同が多く見られたと考えられる。

　以上の分析から，中国語話者は日本語の習得が進んでも，待遇恩恵的制限なし「指示・許容的」用法に対応する日本語の習得がさほど進まず，とりわけ使役者と被使役者が「同等」関係にある場合，仮説 C の通りに「てもらう」との混同が起こりやすいことが言える。

4.4 本章のまとめ

　本研究の検証調査では，第 3 章で立てた習得仮説の仮説 A（他動的），仮説 B（心理誘発的），仮説 C（指示・許容的）に基づき，JFL（外国語としての日本語）環境の中国語話者 99 名を対象に，アンケート調査を

行った。調査形式として，翻訳と文章完成を融合させた形で，中国語文に対応する日本語の訳文を完成させる課題Ⅰと，日本語文を完成させた後に中国語の訳文を完成させる課題Ⅱを設定した。本章では，調査結果を提示した上で考察を通し，習得仮説の妥当性を検証した。そこで用法別の誤用傾向と日本語能力レベルによる誤用傾向について得られた知見は，下記のようにまとめることができる。

　まず，中国語話者に見られる用法別の誤用傾向は次の通りで，いずれにおいても習得仮説を支持する結果が得られた。

　「他動的」用法について，仮説 A 誤答率が 70％以上を占めていることから，自他両用動詞が用いられた「他動的」使役文は，述語動詞によって誤答率の変動が多少あるが，中国語話者にとって習得が相当難しいことが分かった。

　「心理誘発的」用法について，トータル誤答率も仮説 B 誤答率も，「他動的」と「指示・許容的」用法と比較して相対的に高くないものの，「感動」する以外の動詞において，最多誤答形式は「させる」の過剰使用（仮説 B の通り）であることが分かった。一方，「絶望する」，「感激する」の誤用率がそれぞれ 43％，27％と比較的高いのは，中国語話者が授業や教材で触れる機会が少なく，より母語干渉を受けやすいため，仮説 B の通りに「させる」の過剰使用が起こったのではないかと考えられる。

　「指示・許容的」用法について，トータル誤答率は 60％以上あることから，待遇恩恵的制限なしの「指示・許容的」用法に対応する日本語は，中国語話者にとって習得が難しいことが分かった。そして，仮説 C 誤答率は問題間の差が大きく，とりわけ使役者と被使役者が同等関係にある場合，仮説 C の通りに「てもらう」との混同が起こりやすいことが分かった。

　さらに，中国語話者の日本語能力レベルによる「させる」構文の誤用傾向は次の通りである。

　「他動的」用法について，中国語話者は日本語の習得が進んでも，「実現する，集中する，完成する」のような自他両用動詞が用いられた「他動的」使役文の習得が相当難しく，仮説 A の通りに「させる」の不使

143

用が起こる。ただし，「移動する」のような中国語では自動詞寄りの自他両用動詞が用いられる場合は，ある程度習得できるようになる。

　「心理誘発的」用法について，中国語話者は日本語の習得が進むと，一人称の心理を表す「心理誘発的」使役文の習得がほぼ出来るようになるが，日本語の授業や教材で扱われる機会の少ない「絶望する」のような心理動詞が用いられる場合，N2 と N1 の合格者でも母語干渉を受けやすく，仮説 B の通りに「させる」の過剰使用が起こることが多い。

　「指示・許容的」用法について，中国語話者は日本語の習得が進んでも，待遇恩恵制限なし「指示・許容的」用法に対応する日本語の習得が困難を伴うことがあり，とりわけ使役者と被使役者が同等関係にある場合，N2 と N1 の合格者でも仮説 C の通りに「てもらう」との混同を起こしやすい。

第5章「させる」構文の教材分析

　周知の通り，第二言語習得に関わる要因は言語間の距離，インプット
とアウトプット，学習環境といった外的要因，年齢や性別要因，適性や
動機づけといった内的要因など様々なことが考えられる。特に外的要因
に注目した習得研究は教育現場への応用と貢献が期待される。本研究で
は「させる」構文の習得において，中国語話者の運用における誤用傾向，
学習時の問題点及びその原因を究明するために，第2章で外的要因の一
つ「言語間の距離」について検討した。本章では日本語の教材における
関連文法項目の扱い方，つまり外的要因の「インプット」について検討
したい。それに重きを置く理由は，白井（2008: 135）の次の記述による。
「第二言語習得研究の結果わかってきた重要なことは、外国語のメッセー
ジを理解する、すなわちインプットが、言語習得をすすめる上での必要
条件だということです。アウトプットが必要かどうか、という議論があ
りますが、インプットを理解することの重要性を否定する研究者はいま
せん」。むろん，インプットには，教材の扱い方のほかに，教師の教え方
や自然会話や視聴覚資料などが考えられるが，教育機関の差，個人差な
どが測りきれないため，本研究では教材を中心に検討したい。

　本研究の検証調査に見られる誤答傾向の原因分析の一環として，本章
では被験者が使用している日本語教材『综合日语』第一冊～第四冊を分
析対象とする。『综合日语』における「させる」構文の扱い方の実態を考
察し，扱い方の問題点の指摘及び教材改善の一提案を試みる。

　本章の構成は次の通りである。5.1 で，日本語教材での「させる」構
文の扱い方を考察する先行研究を概観してから，本研究の立場を述べる。
5.2 で，『综合日语』の教材構成及び分析方法について説明する。5.3 で，「さ
せる」構文の扱い方を用法別に考察する。5.4 で，本研究の習得仮説に基
づき，教材の扱い方の問題点を提示した上で，教材改善の一提案を試みる。
5.5 で，本章の論述をまとめる。

5.1 先行研究及び本研究の立場

　従来，日本語の使役表現の教材分析に関する研究は複数の教材を分析対象としている。本研究では，検証調査の被験者が使用している日本語教材『综合日语』を分析対象とするが，それに関する先行研究は管見の限り見当たらなかった。そのため，複数の教材を取り扱った先行研究を紹介しておく。

5.1.1 先行研究

　日本語教材で扱う使役文の用法に注目した研究には黒木（1997）が挙げられる。黒木（1997）では，大学や専門学校等に進学した学習者がレポート等を書く場合に必要となる使役文の用法が，日本語教育の中で十分に取り上げられているかどうかを検討するために，大学の紀要（人文・社会・自然）に出現する使役文の用法と，文法シラバスの日本語教材に出現する用法を比較した。分析対象とされた教材は『新日本語の基礎II』，『長沼新現代日本語II』などの初級教材5冊，『中級から学ぶ日本語』，『長沼新現代日本語III』などの中級教材5冊，『上級で学ぶ日本語』，『上級日本語読本』などの上級教材3冊である。考察の結果，紀要で多用される「他動詞的」，「因果関係」の用法は，日本語教育の中では，文法項目として特に取り上げられていないことが分かった。そして，日本語教材に出現する使役文の用法について，次のようなことが指摘されている。

①　使役文が文法項目として取り上げられるのは，初級の後半に，「許可・強制」の用法が導入される時のみである。但し，「生理現象・感情の誘因」を導入する初級教材もいくつかある。

②　その他の用法は文法項目としては特に取り上げられず，本文等に出現する。これらの用法の教授は，個々の教師に任されている。

　従来の中国語話者による日本語使役表現の習得研究に対し，劉（2015: 235）では，「産出例をただ傍観的に分析する研究が多いのに対して，日

本語教育への応用と貢献を考慮に入れる研究がまだ少ない」と問題提起
をしている。劉（2015）は日本語教育の改善を目指し，中国語話者のた
めの日本語教材における使役表現の扱いの傾向とその妥当性について検
討している。具体的には，作文コーパスに見られる中国語話者の誤用例
や不自然な表現に焦点を当て，会話と書き言葉コーパスに見られる日本
語母語話者の使用傾向との比較分析を通し，例文提示，場面設定，文法
記述の 3 つの視点から，中国で広く使われている 3 種類の教材（『新編基
礎日語』,『新編日語』,『大学日語（第 2 版)』）における使役表現の扱い
方を考察している。考察の結果，次のようなことが指摘されている。

① 例文提示について，現行の教材の例文がほとんど単文か文末言い切
　り形で，文脈情報などの欠如によって学習者が強制か許容かを判別
　しにくいため，両者を混同する可能性がある。改善案として，適切
　な文脈の提示，既習項目と関連させたバリエーションのある例文の
　提示が求められる。

② 場面設定について，コミュニケーション能力の育成のため，「使役
　表現を導き出しさえすればいい」という考え方より，「使役表現が
　現実においてどんな状況でどのように使われているか」に基づいた
　設定が望まれる。

③ 文法記述について，学習者の理解に役立つため，明示的に中国語に
　よる説明が必要であると同時に，母語の負の転移の可能性も考慮に
　入れ，中国語の使役との違いの関連情報を与える必要もある。

　横田（2015: 60）では,『みんなの日本語初級 II 本冊』,『Situationa
Functional Japanese Volume three: Notes 』,『初級日本語』,『新文化初級日本
語 II 』を分析対象とし，現在の日本語教材の問題点について，次のよう
に指摘している。

現在の日本語教育で使用されている教材や導入方法は、文法形式に重点を置き、イラストや不自然な文を使用して、いかにその文法項目を分かりやすく説明するかが中心になっているように感じられる。それらが非文や誤用、さらに不自然な文を学習者が生み出す原因になっている。これは、使役表現が「日本語の視点」と関わりがあるにもかかわらず、それを無視した導入が一般的になっているからである。

　横田（2015）では上記のような問題を解決するためには，「日本語の視点」（一人称を言語化する必要がなく，常に一人称の内の視点から言語化されているもの）を取り入れた映像教材が必要だと主張している。「日本語の視点」を考慮した映像教材は，人間関係を考慮した複雑な要素を含んでいる使役表現の文法習得には大いに役立つと考えられ，より自然な使役表現の習得につながると結論づけている。ただし，検討している使役文の用法は「人が他者にある意図的行為を行わせる」という事態を表す強制と許可的なものに限られている。

5.1.2　先行研究の問題点及び本研究の立場
　総観して，日本語教材における使役表現の取り扱いに関する従来の研究には主に次のような問題点が挙げられ，それらを述べながら本研究の立場を示していく。

① 従来の研究では，何種類かの代表的な日本語教材に絞り，教材全般における使役表現の扱い方が検討されている。教材全般の大まかな扱いの傾向が捉えられた点において大いに評価できる。一方，「させる」構文の習得という立場から，個々の中国語話者が産出する誤用は教材全般の傾向と必ずしも関連が深いとは限らない。これに対し，本研究では教材と誤用傾向の深い関連性を洗い出すために，従来分析対象とされてこなかった本研究の被験者が使用している教材を分析する。

② 多くの研究では，主に文脈の提示，場面設定，日本語の視点など「させる」構文と関連する外側のことについて分析しているが，内側の構文の成分について殆ど触れられていない。本研究では，述語動詞の性質，使役者と被使役者の関係などといった「させる」の構文成分に注目し，用法別に扱い方を検討する。

③ 従来の研究では，文法解説と練習文を中心に検討し，それ以外の箇所に出現する使役文を考察していない。導入方法（出現位置など）や回数によってインパクトの強さが異なるが，いずれもインプットであることは否定できない。そのため，本研究では音声と活用形に関する解説のほか，教材に出現する「させる」構文を全て収集し，分析対象とする。

5.2 教材構成と分析方法

　「させる」の扱い方を検討する前に，予備情報として分析対象となる日本語教材『综合日语』の教材構成を紹介しておく。

　『综合日语』は初級レベル向けの第一冊（第1～15課），第二冊（第16～30課）と，中級レベル向けの第三冊（第1～10課），第四冊（第11～20課）からなる。各課において初級レベルでは「ユニット1-3」は会話，会話，読解文の3つで，「練習」はテキスト理解，基礎，会話，発展が中心となっている。一方，中級レベルでは「ユニット1、2」は会話，読解の2つで，「練習」は内容理解，文型，会話，総合が中心となっている。第三冊だけ第10課の後ろに，5つの文章からなる「読み物」が掲載されている。このように各冊の構成は多少異なるが，概して次の図15にまとめることができる。

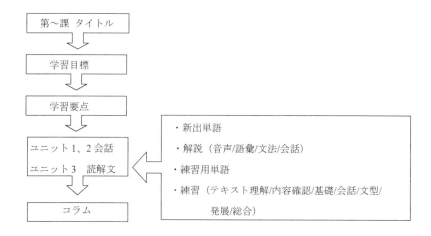

図 15. 『综合日语』の教材構成

分析方法として，本研究ではテキストの本文や解説や練習はもちろ
ん，練習に対する説明文も含め，教材で使役マーカーの「させる」が用
いられた箇所を全て抜き出し，インプットとしての「させる」の扱い方
を考察する。ただし，「させる」の音声と活用形に関する解説は本研究
の目的から逸れるため，分析対象としない。「させる」の扱い方について，
用法別の導入方法，解説，例文，用いられる述語動詞などを紹介し，扱
い方の問題点を分析する。

5.3「させる」構文の扱い方

『综合日语』では「させる」構文に対して，意味分類を行っておらず，
単なる一つの使役態として扱っている。本研究の使役用法の分類に従っ
て分析すると，文法項目として解説されているのは「指示・許容的」と
「心理誘発的」の2つで，解説なしに会話や読解文や練習文に出現して
いるのは「他動的」と「再帰的」の2つである。「事故で息子を死なせた」
のような「責任的」使役文は全く出現していない。以下，教材の出現順
に，使役用法別に分析していく。

5.3.1「指示・許容的」用法

『綜合日语』では，「させる」構文の「指示・許容的」用法に関して，主に使役（「させる」），使役受身（「させられる」），使役＋授受（「させていただく」）の順に取り上げている。

使役と使役受身は，同時に『綜合日语』の第二冊第26課で初めて扱われている。まず「学習要点」として「使动态与使动句」（使役態と使役文），「使动被动态和使动被动句」（使役受身態と使役受身文）が挙げられている。「ユニット1会話」では使役文について，次のように解説している。

「新出単語」　p.253
　　～（さ）せる　⇒　让～；使～（表示使动）

「解説・文法」　p.254
　　学生が字を書く。＜主动句＞
　　先生が学生に字を書かせる。＜使动句＞

　　在主动句中，主语「学生が」即为动作的主体。而在使动句中，动作的主体变为补语「学生に」，用 "に格" 表示，充当使动句主语的则是在主动句中不曾出现的第三者——使动者「先生が」。（筆者訳：能動文では，主語の「学生が」は動作の主体である。一方，使役文では，動作の主体は補語の「学生に」になり，「に格」で示す。能動文にない第三者―使役者の「先生が」が使役文の主語に当たる。）

「ユニット1会話」の内容に合わせ，使役文の意味・用法について「新出単語」では，「～（さ）せる」に対し，「让～，使～，使役を表す」と中国語で意味解釈をしている。「解説・文法」では，能動文の「学生が字を書く」に対し，能動文に出現していない第三者が使役文の主語となる「先生が学生に字を書かせる」という使役文を導入している。そして，a. 他動詞使役文，b. 自動詞使役文，c. 使役態からなる請求表現の3種類に分け，次のような例文を挙げている。

(171) 母は子供に本を読ませる。　　　　　a. 他動詞使役文

(172) 親は子供を／に買い物に行かせる。　　b. 自動詞使役文

(173) それでは、始めさせていただきます。　c. 使役態からなる請求表現

「ユニット 2 会話」では使役受身文について，次のように解説している。

> 「新出単語」　　p.262
> 　　～させられる　⇒　动词的使动被动态。不得不～；被迫～
> 「解説・文法」　p.264
> 　　彼は本を読みました。
> 　　→ 彼は本を読まされました。
>
> 　　使动被动句与主动句的不同是：主动句所表示的动作一般是
> 动作主体主动地、自愿地进行的，而使动被动句所表示的动作则
> 是动作主体在他人的作用（强迫、命令或驱使等）之下被迫地、
> 不情愿地进行的。相当于汉语的"被迫～、在～的咳使下勉强～"
> 等。（筆者訳：使役受身文と能動文の相違点は，能動文の表す
> 動作は一般的に動作主体が能動的，主動的に行う。それに対し
> て，使役受身文の表す動作は，動作主体は他人の働きかけ（強
> 制，命令或いは使い立て）により受身的，非主動的に行う。中
> 国語の"被迫～、在～的咳使下勉强～"等に相当する。）

　このように「ユニット 2 会話」の内容に合わせ，使役受身文の意味・
用法について「新出単語」では，「～させられる」に対し，「動詞の使役
受身態。やむを得ず～」と中国語で意味解釈をしている。「解説・文法」
では，能動文の「彼は本を読みました」と違って，「彼は本を読まされ
ました。」の表す意味は，他人の作用（強迫，命令など）の下で動作主
体が受身的に，自分の願望に反する行動を行うと解釈している。

　使役＋授受は『綜合日語』の第二冊第 29 課で扱われ，次のように解説されている。

　　「解説・文法」　p.335
　　　「V させていただけないでしょうか」是「V させてもらえないでしょうか」的敬語（自謙）表現形式，动作的主体一般为说话人（第一人称），它以征求对方许可的形式表示说话人自己的动作，是程度最高的自谦的、客气的表达形式，因此一般不用于关系紧密者之间。相当于汉语的"请让我（们）～、请允许我（们）～"等。（筆者訳：「V させていただけないでしょうか」は「V させてもらえないでしょうか」の敬語（謙遜）表現形式で，一般的に動作の主体は話し手（第一人称）であり，相手の許可を求める形で話し手自身の動作を表す。最も程度の高い謙遜，尊敬の表現形式で，通常親しい間柄では用いられない。中国語の"请让我（们）～、请允许我（们）～"等に相当する。）

　「使役＋授受」については，一般的に第一人称が相手の許可を求める形で，話し手自身の動作を表し，中国語の「どうぞ私（達）に～をさせてください，どうぞ私（達）～する許可をください」に相当すると解釈している。「解説・文法」の後に，「パソコンを使わせていただけないでしょうか。」のような例文が挙げられている。
　「指示・許容的」使役文は，述語に「食べる，飲む，話す，行く，泊まる，勉強する，留学する，用意する，修理する，運搬する」（（旧）日本語能力試験 4 級～ 1 級の語彙表[注14] より）などの意志動詞が用いられる。『綜合日語』で用いられている述語動詞は表 27 の通りである。

注14　本研究では http://web.ydu.edu.tw/~uchiyama/data/noryoku_1.html で公開されている語彙表を参照している。この語彙表は，台湾にある育達商業技術學院應用日語系で民国 94 年度に開講した「日文文書処理」の練習課題として受講生が，『日本語能力試験出題基準【改訂版】』（国際交流基金、財団法人日本国際教育協会・編、凡人社、2002 年）を参考に作成したものである。

表 27. 「指示・許容的」に用いられた述語動詞（『综合日语』）

NO.	第二冊	第三冊	第四冊
1	する	やめる	寝る
2	洗う	手伝う	勝つ
3	掃除する	参加する	出席する
4	読む	対応する	する
5	話す	居候する	電話する
6	行く		聞く
7	走る		紹介する
8	帰る		終わる
9	始める		始める
10	払う		回答する
11	来る		連絡する
12	飲む		アドバイスする
13	参加する		休む
14	働く	―	
15	聞く		
16	出す		
17	食べる		
18	調べる		―
19	挨拶する		
20	手伝う		
21	休む		
22	使う		

　「指示・許容的」使役文は文法項目として扱われ，特に第二冊と第四冊では多く取り上げられている。例文や練習文の殆どが，「先生対学生」，「親対子」，「上司対部下」のような使役文である。それはインプットとしては適切だが，それ以外の人間関係の場合，「させる」構文を用いるべきかどうかには触れられていない。要するに，待遇恩恵的制限に関する明示的知識が提示されていない。

5.3.2「心理誘発的」用法

『綜合日语』では,「させる」構文の「心理誘発的」用法に関して,主に使役文(「させる」),使役受身文(「させられる」)を取り上げている。

上で述べたように,『綜合日语』は「させる」に対し,意味・用法の分類を行っておらず,使役と使役受身は,同時に第二冊第 26 課で初めて扱っている。「ユニット 1 会話」では使役文,「ユニット 2 会話」では使役受身文が出現しているが,その中に「指示・許容的」と「心理誘発的」の両用法が含まれている。

「ユニット 1 会話」の内容に合わせ,「解説・文法」では b. 自動詞使役文の例文に (174) を挙げている。そして,「ユニット 2 会話」の内容に合わせ,「解説・文法」では,使役受身の例文に (175) を挙げている。このように「指示・許容的」と「心理誘発的」を基本的に区別せずに解説している。

(174) あの人はわたしたちを／×に困らせる。

(175) 兄弟げんかで、弟は兄に泣かされた／泣かせられた。

それから,『綜合日语』の第三冊,第 4 課の「解説・文法」で使役受身が文法項目として次のように解説されている。

「解説・文法」　p.114

　　我们在第 2 册第 26 课学习过动词后接「(さ) せられる」(Ⅰ类动词有时接「される」) 构成的使动被动句,除此之外,「(さ) せられる」还可以接在「驚く、びっくりする、がっかりする、悩む」等感情动词以及「考える、反省する」等思考动词的后面,表示某一原因引发了这一感情或者思考。该感情或思考是不由自主的产生的,与说话人的意志无关。原因一般用「に」表示。(笔者訳:第 2 冊第 26 課では,動詞に「(さ) せられる」(Ⅰ類動詞は「される」が後続する場合もある) が後続する使役受身

155

文を習った。そのほかに,「(さ)せられる」は「驚く、びっくりする、がっかりする、悩む」」などの感情動詞及び「考える、反省する」などの思考動詞に後続することもできる。該当する感情或いは思考は非能動的に生じ,話し手の意志とは無関係。その原因は一般的に「に」で示す。)

　このように,「(さ)せられる」は「驚く,びっくりする,がっかりする,悩む」などの感情動詞及び「考える,反省する」などの思考動詞に後続し,ある原因がこのような感情や思考を引き起こしたことを表す。該当感情や思考は無意識のうちに起こり,話し手の意志とは無関係だと解説している。解説の後に (176) 〜 (178) のような例文が挙げられている。

(176) 器用なものだなと妙に<u>感心させられた</u>。

(177) 物価の高さには<u>驚かされた</u>。

(178) 毎年春になると花粉症に<u>悩まされていた</u>。

　「心理誘発的」使役文は,述語に「感じる,悲しむ,喜ぶ,考える,思う,感動する,絶望する,共感する,嫉妬する,思考する」((旧) 日本語能力試験 4 級〜 1 級の語彙表より)などの心理動詞が用いられている。『綜合日语』で用いられている述語動詞は表 28 の通りである。

表 28.「心理誘発的」に用いられた述語動詞（『综合日语』）

NO.	第二冊	第三冊	第四冊
1	困る	感心する	連想する
2	笑う	驚く	—
3	泣く	悩む	
4	忘れる	がっかりする	
5	不愉快にする	反省する	
6	—	感動する	
7		考える	
8		泣く	

　「心理誘発的」使役文はテキストの本文や練習に出現しており，主に第三冊でよく取り上げられ，第四冊では殆ど出現していない。第2章で検討したように，日本語では通常自動詞文で1人称の心理活動を表すのに対し，中国語では使役文がよく用いられる。『综合日语』では，「心理誘発的」使役文に関して，被使役者の人称制限における"让"構文とのずれには全く触れられていない。

5.3.3「他動的」用法

　「他動的」用法は『综合日语』で文法項目として取り上げられていないにも関わらず，テキスト本文や練習や練習の説明文に出現している。(179) は第二冊第 28 課の「ユニット 3 読解文」に初めて現れ，第三冊と第四冊の「読解」，「練習」，「練習」の説明文に，(180) 〜 (182) のような使役文が頻出している。

(179) 真の国際社会のコミュニケーションは、IT の進歩に加えて、人と人との接触と交流によって実現させるべきである。

(180) このことが子供たちの社会力を<u>衰弱させる</u>。

(181) アジア諸国の経済成長は日本経済をさらに<u>悪化させた</u>。

(182) 次の①②は正しい順番に並べ替えてください。③は文を<u>完成させて</u>ください。

「他動的」使役文は，述語に「済む，（車が）走る，負う，終わる，輝く，発展する，成立する，完成する，減少する，移動する」（（旧）日本語能力試験4級〜1級の語彙表より）などの無意志動詞が用いられる。『綜合日语』で使用されている述語動詞は表29の通りである。（「※」は「練習」の説明文に出現している回数を示す。）

表29. 「他動的」に用いられる述語 （『综合日语』）

NO.	第二冊	第三冊	第四冊
1	実現する	完成する (※ 41 回)	完成する (※ 25 回)
2		対比する	狂う
3		林立する	待つ
4		充実する	発達する
5		済む	発展する
6	―	発展する	済む
7		終わる	衰弱する
8		変化する	しんなりする
9		悪化する	活性化する
10		記憶する	反映する
11		（脳を）休む	混乱する
12		乾燥する	深化する

「他動的」使役文は文法項目として扱われておらず，その用法の重要性が認識されていない。そして，使役文に用いられている述語動詞の殆どは「済む，終わる，狂う，変化する，発展する，悪化する」のような

自動詞である。一方，自他両用動詞は「完成する，実現する」の2つの
みで，「完成する」はもっぱら練習の説明文に出現しており，インプッ
トとしてのインパクトが弱い。「実現する」は第二冊第28課のユニット
3の読解文に1回のみ出現している。このように述語動詞が自動詞に偏
っており，誤用の生じやすい自他両用動詞が用いられる使役文の導入方
法も，動詞選択も不適切だと言える。

5.3.4「再帰的」用法

「再帰的」使役文は，『綜合日語』で文法項目として取り上げられて
いないにも関わらず，第三冊第7課の「ユニット2読解」と「解説・語
彙」，第三冊最後の「読み物」に出現している。

> 「解説・語彙」 p.204
> 「顔をこわばらせる」是一个常用短语，意为"绷着脸"。
> （筆者訳：「顔をこわばらせる」は常用慣用句で，"绷着
> 脸"を意味する。）

「解説・語彙」で「顔をこわばらせる」が一つの常用語句と解説した後，
(183)〜(185)の3例が挙げられている。もう1例の(186)が第三冊最後
の「読み物」の本文に出現している。

(183) と、ある瞬間、女のほうがはっと<u>顔をこわばらせ</u>、しばし<u>沈黙</u>。

(184) 女優は自分の恋愛のことを記者に聞かれて、<u>顔をこわばらせた</u>。

(185) 彼は何かおそろしいものでも見たかのように、<u>顔をこわばらせている</u>。

(186) 学校から<u>腹をすかせて</u>帰ってきたこどもはこのイモキリボシを
ひとつかみして、羽織のたもとに入れて、パンキというメンコ
遊びをしに出る。

上記の通り，『综合日语』における「させる」構文の扱い方を考察した結果，次のようなことが分かった。

　教材で扱われている使役文は，本研究で言う「指示・許容的」，「心理誘発的」，「他動的」，「再帰的」の4用法で，「責任的」は取り上げられていない。そして，文法項目として扱われているのは「指示・許容的」と「心理誘発的」用法である。「指示・許容的」は初級の第二冊で導入され，中級においてもよく取り上げられている。「心理誘発的」は中級の第三冊で導入されているが，第四冊では殆ど扱われていない。一方，「他動的」と「再帰的」は，文法解説と練習の項目として取り上げられていないにも関わらず，読解文や練習の説明文などに出現している。「他動的」用法は第三，四冊に頻出し，「再帰的」用法は，第三冊で「解説・語彙」の例文を含め，5例しか出現していない。

5.4 習得仮説に基づく教材改善の一提案

　本研究は中国語話者による「させる」構文の習得に関して，第3章では作文コーパスの誤用を観察した上で用法別の習得仮説を提起した。そして第4章ではアンケート調査の結果を用いて習得仮説の妥当性を検証した。本節では日本語教育の改善を目指し，その習得仮説に基づき，「させる」構文の扱い方について教材改善の一提案を試みる。

　5.3で述べたように，『综合日语』では「させる」構文について，a.他動詞使役文，b.自動詞使役文，c.使役態からなる請求表現に分けて解説しているが，意味・用法の分類を行っておらず，単なる一つの使役態として扱っている。また，「指示・許容的」，「心理誘発」用法に重きが置かれ，他の用法の存在，その重要性，そして各用法の構文的特徴などが重要視されておらず，「させる」構文の全体像が不明瞭のままになっている。そこで教材改善の一提案として，まず次の分類に関する提案1をしたい。

　　提案1：「させる」構文の5つの用法を取り上げ，各々の意味・用法と
　　　　　　構文的特徴に関する解説，例文の提示及び文型練習を設ける。

　「日本語研究と日本語教育の橋渡し」の著書として庵功雄ほか（2001）が挙げられる。言わば，「日本語文法界の最新の研究成果を日本語教育の現場の先生方のためにわかりやすく，しかも，体系的に整理して解説した本」と位置づけることができよう。庵功雄ほか（2001）では表 30 の通り，使役文を 5 つの用法に分類している。これに対し，本研究の分類は中国語話者の立場から中国語との対応関係を考慮した分類[注15]になる。

表 30. 「させる」構文の意味・用法の分類

庵ほか（2001）の例文	庵ほか（2001）の分類	本研究の分類
母親は息子に一生懸命勉強させた。	「使役の基本的用法」	指示・許容的
子どもの小さなプレゼントが親を喜ばせるものだ。	「原因を主語にした使役文」の一部	心理誘発的
私は先の戦争で息子を死なせてしまった。	「責任者を主語にした使役文」	責任的
この地方では梅は 2 月中旬に花を咲かせる。	「Y の動作や変化を表す使役文」	再帰的
作家は軽妙に筆を走らせていた。（前略）バッテリーを消耗させる。	「その他のやや特殊な使役文」「原因を主語にした使役文」の一部	他動的

　黒木（1997）で指摘されているように，現在広く使われている日本語教材で,使役文が文法項目として扱われているのは主に「指示・許容的」と「心理誘発的」の 2 用法のみである。本研究の分析結果より,『綜合日语』にも同様の傾向が見られた。現状では学習者の効率的な使役習得が見込めないため，日本語文法研究の成果を取り入れて，表 30 のような意味・用法の分類を適宜に教材に盛り込むのが望ましいと考える。

注15　日本語と中国語では当然ながら使役文の対応関係にズレがある。例えば庵ほか（2001）の原因を表す「バッテリーを消耗させる。」と特殊な「筆を走らせていた。」はいずれも中国語では他動詞文で表す。このために日中対応関係を考慮し，両者を「他動的」用法にまとめた。

次に，本研究で主に検討している「他動的」，「心理誘発的」，「指示・許容的」用法に関して，本研究の3つの習得仮説に基づき，教材改善の一提案を考えたい。まず「他動的」用法について，仮説Aを再度確認しておく。

　　仮説A：「他動的」使役文において，使役者の制御性が低く，述語動
　　　　　詞が日本語も中国語も自他両用動詞である場合，母語干渉が
　　　　　生じやすく，他動詞文が用いられ，「させる」の不使用が起
　　　　　こることが多い。

　日本語では「自分の夢を<u>実現する</u>」のような使役者の制御性の高い場合，自他両用動詞を使うべきところで「～させる」を使ったがために不自然か，または非文になることは殆どない。一方，「紙のリサイクルは木材の使用量を<u>減少させる</u>」のような使役文の場合，「紙のリサイクル」は「木材の使用量の減少」の原因であり，使役者が意図的にコントロールする訳ではない。このように使役者の制御性が低い場合，「減少させる」を使うべきところで「減少する」を使うと不自然か，または非文になることが多い。そのため，習得仮説の仮説Aより，次の提案2を進言したい。

　　提案2：「他動的」使役文について，補足的に次の解説と例文を提示する。

　「他動的」使役文の述語は「実現する，完成する，増加する，減少する，集中する，移動する」などのような自他両用動詞で，使役者の制御性が高い場合は他動詞文か使役文を，低い場合は使役文を用いる。判断しにくい場合は使役文を使ったほうが自然である。

　　例文1：自分の夢を（○実現する／○実現させる）ために何をすべきか。

　　例文2：紙のリサイクルの効果は、紙のごみの量と木材の使用量を（○
　　　　　減少させる／×減少する）ことにある。

　提案 2 の前提として，日本語の和語動詞，漢語動詞，そして自他両用動詞という概念を浸透させる必要がある。なぜなら動詞によって，使役や受身や可能表現など多数の文法項目において日本語と中国語の対応関係が異なるため，自他両用動詞に対する正しい認識は，中国語話者の「させる」構文の習得に役立つと考えるからである。

　ここでは，補足的に（旧）日本語能力試験 4 級〜1 級の語彙表にある自他両用動詞を表 31 にまとめて提示する。自他両用動詞の判定は『新明解国語辞典 第七版』によるものである。

表 31.（旧）日本語能力試験語彙表にある自他両用動詞

1	移動する	11	緩和する	21	実現する	31	超過する	41	複合する
2	延長する	12	逆転する	22	樹立する	32	停止する	42	分解する
3	加速する	13	継続する	23	集合する	33	展開する	43	分離する
4	解決する	14	結合する	24	集中する	34	転換する	44	並列する
5	改善する	15	減少する	25	消耗する	35	燃焼する	45	変革する
6	開始する	16	固定する	26	進行する	36	破壊する	46	保温する
7	拡大する	17	合併する	27	生育する	37	破損する	47	暴露する
8	拡張する	18	混合する	28	増加する	38	反映する	48	連続する
9	確立する	19	再現する	29	増進する	39	反射する	—	—
10	完成する	20	持続する	30	中和する	40	復興する	—	—

　次に「心理誘発的」使役文について，仮説 B を再掲した上で，それに基づく教材改善の一提案を述べる。

　仮説 B：「心理誘発的」使役文において，被使役者は一人称（或いは「人」）である場合，母語干渉が生じやすく，自動詞文が用いられず，「させる」の過剰使用が起こることがある。

『综合日语』では，被使役者が一人称である「あの人はわたしたちを困らせる」のような使役文を提示しているが，「させる」構文の人称制限に関する説明は一切なされていない。そこで，習得仮説の仮説 B より，次の提案 3 を行いたい。

　　提案 3：「心理誘発的」使役文について，補足的に次の解説と例文を
　　　　　　提示する。

　一人称（或いは「人」）の感情や思考などの心理活動を表す場合は，通常「心理誘発的」使役文より自動詞文を使ったほうが自然である。

　　例文 3：彼から信じられない話を聞いた。私を（×動揺させ，絶望させた）

　　例文 4：彼の信じられない話に、私は（〇動揺し，絶望した）。

　それから，「指示・許容的」使役文について，仮説 C を再掲した上で，教材改善の一提案を述べる。

　　仮説 C：「指示・許容的」使役文において，待遇恩恵的な意味合いを
　　　　　　伴う場合，母語干渉が生じやすく，「てもらう」構文を使う
　　　　　　べきところで，「させる」との混同が起こることがある。

　『综合日语』では，「指示・許容的」使役文に関する待遇恩恵的制限について一切言及されていない。殆どの例文は使役者と被使役者が「先生対学生」，「親対子」，「上司対部下」のような「上対下」の関係である。そこで，習得仮説の仮説 C より，次の提案 4 を挙げる。

　　提案 4：「指示・許容的」使役文について，補足的に次の解説と例文
　　　　　　を提示する。

「下対上」関係の場合,または恩恵を表す場合,一般的に「指示・許容的」使役文ではなく,「てもらう / いただく」を用いる。

　例文5:先輩にレポートを（○チェックして頂く / ×チェックさせる）。

　例文6：ケーキを作りすぎたので、友達に（○食べてもらった / ?食べさせた）。

5.5 本章のまとめ

　本章では，検証調査の被験者が使用している日本語教材『综合日语』を対象とし，用法別に「させる」の扱い方を考察した上で，教材改善の一提案を試みた。分析の結果を次の通りにまとめることができる。

①『综合日语』では，「させる」に対して意味・用法の分類を行っておらず，単なる一つの使役態として扱っている。本研究の分類に従って分析すると，文法項目として解説されているのは「指示・許容的」と「心理誘発的」で,「他動的」と「再帰的」は解説なしに読解文や練習の説明文に出現している。「事故で息子を死なせた」のような「責任的」用法は全く出現していない。そこで，教材改善を目指し，次の提案1を挙げた。

　提案1:「させる」構文の5つの用法を取り上げ，各々の意味・用法と構文的特徴に関する解説，例文の提示及び文型練習を設ける。

②「他動的」用法は,『综合日语』では文法項目として解説や練習に取り上げられておらず，自他両用動詞が用いられる「させる」構文の導入方法と動詞選択が不適切であることが分かった。そこで提案2として補足的に次の解説の提示を薦めたい。

「他動的」使役文の述語は「実現する，完成する，増加する，減少する，

165

集中する，移動する」などのような自他両用動詞を使用し，使役者の制御性が高い場合は他動詞文か使役文を，低い場合は使役文を用いる。判断しにくい場合は使役文を使ったほうが自然である。

③「心理誘発的」用法は，その解説が特に「指示・許容的」用法と区別されず，人称制限における"让"構文とのずれが考慮されていないことが分かった。そこで，提案 3 として補足的に次の解説を提示することを薦めたい。

一人称（或いは「人」）の感情や思考などの心理活動を表す場合は，通常「心理誘発的」使役文より自動詞文を使ったほうが自然である。

④「指示・許容的」用法は，『綜合日语』では使役者と被使役者が「上対下」関係である使役文が殆どで，待遇恩恵的制限における"让"構文とのずれが，解説されていないことが分かった。そこで，提案 4 として補足的に次の解説を提示することを薦めたい。

「下対上」関係の場合，または恩恵を表す場合，一般的に「指示・許容的」使役文ではなく，「てもらう / いただく」を用いる。

第 6 章 結論と今後の課題

　本研究は，中国語母語話者による日本語の「させる」構文の習得時の問題点，習得過程及び誤用要因の解明を目的とし，張（2010）で提唱されている三位一体の研究モデル「対照研究・誤用観察・検証調査」に「教材分析」を加えた一連のステップを踏んで検討してきた。

　本章では，6.1 で第 2 章の対照研究，第 3 章の誤用観察，第 4 章の検証調査，第 5 章の教材分析で得られた結果をあらためて整理する。6.2 で本研究の意義と問題点について述べる。6.3 で今後の課題を述べる。

6.1 本研究のまとめ

　第 2 章の対照研究では，『中日対訳コーパス』，BCCWJ などを利用し，日本語と中国語の典型的な使役文である「させる」構文と"让"構文について対照分析を行った。主に両構文の意味・用法を網羅した分類を行ったうえで，各用法における両構文の構文的特徴及び対応関係を検討してきた。

　まず，使役表現の軸である「X の事象関与」を分類基準とし「させる」構文と"让"構文を，①指示許容的，②心理誘発的，③他動的，④客体原因的，⑤再帰的，⑥有責的，⑦間接命令的，⑧行為規定的の 8 つの意味・用法に分類した。①，②，③は両構文の共通用法，⑤，⑥は「させる」構文に特有の用法，④，⑦，⑧は"让"構文に特有の用法であることが分かった。

　さらに，両構文に共通する用法について，次のことが明らかになった。

①「指示許容的」用法においては，「させる」構文は"让"構文と違って，待遇恩恵的意味合いを表す場合は成立せず，「てもらう」構文が対応する。

②「心理誘発的」用法において，被使役者が一人称である場合と，述語が「感知心理活動」の場合，"让"構文は成立するが，「させる」構文では不自然となるため，通常自動詞文となる。

③「他動的」用法において，述語動詞が他動詞または変化過程を持たない自動詞の場合，「させる」構文が成立するのに対し，"让"構文が成立せず，能動文で対応する。また使役者の制御性が低く，述語動詞が自他両用動詞である場合，中国語では使役文と他動詞文の両方を用いることができるのに対し，日本語では使役文しか成立しない。

第 3 章の誤用観察では，現在公開されている中国語話者の縦断的作文コーパスで最大規模とされる LARP at SCU コーパスの分析結果から，中国語話者における「させる」構文全体の誤用の傾向及び学年ごとの誤用の傾向，推測される誤用の要因を中心に観察・分析した。そして，誤用観察の結果に基づき，第 2 章の対照研究の結論と照らし合わせ，用法ごとに習得仮説を立てた。本章で得られた知見は次の通りにまとめることができる。

まず, LARP at SCU コーパスに出現する使役文の用法は 3 種類のみで，使用率と誤用率の高い順に並べると,「他動的」＞「心理誘発的」＞「指示・許容的」となる。全体的に誤用のパターンを見ると,「他動的」は「させる」の不使用,「心理誘発的」は Y を示す助詞の混同,「指示・許容的」は他表現との混同による誤用がそれぞれ顕著に見られた。それらの誤用の主な原因として，日本語の動詞の自他用法の未習得，日本語の文法規則の過剰一般化，母語干渉などが考えられる。

次に, 学年ごとの誤用傾向の分析を通し,「他動的」の用例数 (「させる」の不使用も含む) が，「心理誘発的」,「指示・許容的」の 2 倍以上を示し，その誤用率は学習年数の経過につれ，やや減少する傾向が見られるが,「心理誘発的」,「指示・許容的」を上回って 70% 前後を維持していることから,「他動的」は中国語話者にとって習得が最も難しいことが判明した。

最後に，主に誤用数の多いほうの誤用のパターンに注目し，第 2 章の対照研究で得られた結論と照らし合わせ，次のように用法別の習得仮説を立てた。

仮説 A：「他動的」使役文において，使役者の制御性が低く，述語動
　　　　詞が日本語も中国語も自他両用動詞である場合，母語干渉が
　　　　生じやすく，他動詞文が用いられ，「させる」の不使用が起
　　　　こることが多い。

仮説 B：「心理誘発的」使役文において,被使役者は一人称(或いは「人」)
　　　　である場合，母語干渉が生じやすく，自動詞文が用いられず，
　　　　「させる」の過剰使用が起こることがある。

仮説 C：「指示・許容的」使役文において，待遇恩恵的な意味合いを
　　　　伴う場合，母語干渉が生じやすく，「てもらう」構文を使う
　　　　べきところで，「させる」との混同が起こることがある。

　第 4 章の検証調査では，第 3 章で立てた習得仮説の仮説 A（他動的），
仮説 B（心理誘発的），仮説 C（指示・許容的）に基づき，JFL（外国語
としての日本語）環境の中国語話者 99 名を対象に行ったアンケート調
査の結果を考察し，習得仮説の妥当性を検証した。まず，中国語話者に
見られる「他動的」，「心理誘発的」，「指示・許容的」用法の全体的な誤
用傾向は次の通りで,いずれにおいても仮説を支持する結果が得られた。

　「他動的」用法について，仮説 A 誤答率は 70％以上を占めているこ
とから，自他両用動詞が用いられた「他動的」使役文は，述語動詞によ
って誤答率の変動が多少あるが，中国語話者にとって習得が相当難しい
ことが分かった。

　「心理誘発的」用法について，トータル誤答率も仮説 B 誤答率も，「他
動的」と「指示・許容的」と比較して相対的に高くないものの，「感動」
する以外の動詞において，最多の誤答形式は仮説 B の通り（「させる」
の過剰使用）であることが分かった。一方，「絶望する」，「感激する」
の誤用率が比較的高いのは，中国語話者が授業や教材で触れる機会が少

なく，より母語干渉を受けやすいため，仮説Bの通りに「させる」の過剰使用が起こったのではないかと考えられる。

「指示・許容的」用法について，トータル誤答率は60％以上あることから，待遇・恩恵を表す「指示・許容的」用法は中国語話者にとって習得が難しいことが分かった。そして，仮説C誤答率は問題間の差が大きく，とりわけ使役者と被使役者が同等関係にある場合，仮説Cの通りに「てもらう」との混同が起こりやすいことが分かった。

次に，中国語話者の日本語能力レベルによる誤用傾向は次の通りである。

「他動的」用法について，中国語話者は日本語の習得が進んでも，「実現する，集中する，完成する」のような自他両用動詞が用いられた「他動的」使役文の習得が相当難しく，仮説Aの通りに「させる」の不使用が起こる。ただし，「移動する」のような中国語では自動詞寄りの自他両用動詞が用いられる場合は，ある程度習得できるようになる。

「心理誘発的」用法について，中国語話者は日本語の習得が進めば，一人称の心理を表す「心理誘発的」に対応する日本語の習得がほぼ出来るようになるが，日本語の授業や教材で取り扱われる機会の少ない「絶望する」のような心理動詞が用いられる場合，N2とN1の合格者も母語干渉を受けやすく，仮説Bの通りに「させる」の過剰使用が起こることが多い。

「指示・許容的」用法について，中国語話者は日本語の習得が進んでも，待遇恩恵制限なしの「指示・許容的」に対応する日本語の習得が困難を伴うことがあり，とりわけ使役者と被使役者が同等関係にある場合，N2とN1の合格者も仮説Cの通りに「てもらう」との混同を起こしやすい。

　第5章では，検証調査の被験者が使用している日本語教科書『綜合日语』を対象とし，「させる」の扱い方を分析した。それから本研究の習得仮説に基づき，使役文の扱い方の問題点の指摘及び教材改善の一提案を試みた。分析の結果，次のようなことを判明した。

　『綜合日语』では，「させる」に対して意味分類を行っておらず，単なる一つの使役態として取り扱っている。本研究の分類に従って分析すると，文法項目として取り上げられているのは「指示許容的」と「心理誘発的」で，「他動的」と「再帰的」は解説なしに読解文や練習文に出現している。「事故で息子を死なせた」のような「責任的」用法は全く出現していない。

　本研究の習得仮説と関連する3つの用法について，次のような教材における扱いの問題点を指摘した。「他動的」用法は，文法項目として取り上げられておらず，自他両用動詞が用いられる「させる」構文の導入方法と動詞選択が不適切である。「心理誘発的」用法は，その解説が特に「指示・許容的」と区別されず，人称制限における"让"構文とのずれが言及されていない。「指示・許容的」用法は，使役者と被使役者が「上対下」の関係である使役文が殆どで，待遇恩恵的制限における"让"構文とのずれが，解説されていない。したがって，教材改善を目指し，主に次の提案と解説を進言した。

　提案1：「させる」構文の5つの用法を取り上げ，各々の意味・用法と構文的特徴に関する解説，例文の提示及び文法項目練習を設ける。

　提案2：「他動的」使役文の述語は「実現する，完成する，増加する，減少する，集中する，移動する」などのような自他両用動詞を使用し，使役者の制御性が高い場合は他動詞文か使役文を，低い場合は使役文を用いる。判断しにくい場合は使役文を使ったほうが自然だと言える。

提案 3 ：一人称（或いは「人」）の感情や思考などの心理活動を表す
　　　　場合は，通常「心理誘発的」使役文より自動詞文を使ったほ
　　　　うが自然である。

提案 4 ：「下対上」関係の場合，または恩恵を表す場合，一般的に「指示・
　　　　許容的」使役文ではなく，「てもらう／いただく」を用いる。

6.2 本研究の意義と問題点

　本研究の意義は，次のように考えられる。

　まず，中国語話者による「させる」構文の習得に関する従来の研究は，
誤用分析，調査研究を中心に，考察に日中両言語の対照分析を加えたもの
が多い。それに対し，本研究では「対照研究・誤用観察・検証調査・教材
分析」という一連のステップを踏んで，中国語話者による「させる」構文
における習得問題点，習得過程及び誤用の要因について全面的に検討した。
本研究で用いた一連のステップは，各々の成果を見出しつつ，相互に習得
傾向に関する結論を支持しあい，中国語話者の習得傾向をさらに明らかに
した。このような研究方法は習得研究においてより有効であると考える。

　次に，第 2 章の対照研究では，第二言語習得に関わる外的要因の 1
つの「言語間の距離」を明らかにした。そして第 5 章の教材分析では，
もう 1 つの外的要因の「インプット」の特徴を提示した。この 2 つの要
因に関する分析は，中国語母語話者に対する日本語教育現場にとって，
大いに参照できる材料となることが期待できよう。

　最後に，これまでの多くの対照研究は日本語の分類を参考にしてい
る。一方で本研究の対照研究は，「言語教育のための対照研究」と位置
づけ，中国語話者の習得の角度から，中国語特有の用法にも注目し，よ
り日中両言語の異同点及び対応関係を明示できる意味分類を行った。第
2 章で明らかになった「させる」構文と"让"構文の共通する用法及び
共通しない用法における構文的特徴，異同点，対応関係は，中国語教育
そして日本語教育にも役立つのではないかと考える。

　むろん，本研究は未解決の問題点が多く残されており，主に次の 4

点が挙げられる。

　まず，本研究を開始した当初では公開されている中国語話者の最も大規模なデータは，台湾の LARP at SCU コーパスとされていたため，本研究の誤用観察にはこのコーパスを用いた。一方，検証調査では協力を仰ぐ大学，教員，学生の確保のため，便宜上中国大陸の学生を対象とした。同じ中国語話者のデータで，誤用観察と検証調査では相似する誤用傾向が見られたが，方言や教材の取り扱いによって誤用の要因が完全に一致するとは限らない。そのため，さらに台湾人学生に対する検証調査，中国大陸の学生の誤用観察も合わせて，総合的な分析がより理想的であると考える。

　次に，第 3 章の誤用観察の結果では，LARP at SCU コーパスに出現している用法は共通用法に限られている。そこで，本研究では両構文の共通用法に限って検証調査を行った。しかし，共通しない用法の習得状況は依然として不明瞭である。共通しない用法が出現していないからといって，その習得に問題がないとは限らない。原因としてその用法を使う文脈がない，あるいは習得できていないため，使用を回避している可能性も考えられる。中国語話者の「させる」構文の習得研究として，本研究で明らかにしたのはあくまでも LARP at SCU コーパスに出現している用法の習得傾向であり，「させる」構文の全体の習得状況を完全に把握したとは言えない。共通しない用法についての習得傾向は今後の課題としてさらなる研究を進めていきたい。

　そして，第 3 章の習得仮説は基本的に各用法において，最も誤用率の高いケースに基づいて立てた。それから第 4 章の検証調査にて，それぞれの仮説を検証し，中国語話者による「させる」構文の習得に関して，主な習得問題点及び習得傾向を捉えたと言える。一方，誤用率の高くないケースについての検証調査が行われていない。さらに検証する余地があるため別紙に譲りたい。

　最後に，第 5 章の教材分析は，あくまでも本研究の習得仮説に基づく分析で，アンケート調査の被験者が使用している『综合日语』を分析対象としており，日本語教材における「させる」構文の扱い方を全般的

に検討するまでに至っていない。日本語教育の現場に役立つために，意味・用法の解説，導入方法と順序，場面設定，語彙選択といった多視点からの検討が必要であろう。

6.3 今後の課題

　今後の課題として，主に次の2つの習得研究を進めていきたい。

　1つ目は，「させる」構文と"让"構文の共通しない用法の習得研究である。本研究の第2章の対照研究で明らかにしたように，「させる」構文と"让"構文には共通する用法と共通しない用法がある。一方，第3章の誤用観察の結果では，LARP at SCU コーパスに出現している用法は共通用法に限られている。そこで，本研究では両構文の共通用法について検証調査を行った。しかし，共通しない用法の習得状況は依然として不明瞭である。共通しない用法が出現していないということは，使う文脈がないか或いは習得できていないため，中国語話者がその使用を回避したりする可能性がある。よって，「させる」構文と"让"構文の共通しない用法の習得状況について，さらに検討する必要がある。

　2つ目は，日本語話者による"让"構文の習得研究である。本研究では，中国語話者の「させる」構文の習得について考察した。結果として中国語話者に見られる誤用は，日中両言語の使役表現のずれによるものが多く観察された。一方，日本語話者による中国語の"让"構文の習得状況はまだ明らかにされていない。とりわけ，母語干渉の有無や程度を検証するために，日本語話者に見られる誤用は，如何なるものかを究明する必要がある。

　今後は，以上の課題を明らかにしつつ，「させる」構文と"让"構文のような典型的な使役表現に限らず，周辺的な使役表現も視野に入れ，日中使役表現の全体に関わる双方向（中国語話者による日本語の習得と日本語話者による中国語の習得）的な習得状況について考えていきたい。

例文出典

『現代日本語書き言葉均衡コーパス』モニター公開データ（2012 年度版）
国立国語研究所 http://pj.ninjal.ac.jp/corpus_center/bccwj/
『中日対訳コーパス』（2003）
北京日本語学研究センター
『CCL 语料库』
北京大学漢語言語学研究センター http://ccl.pku.edu.cn:8080/ccl_corpus/
『LARP at SCU コーパス第 2 版』
台湾東呉大学

初出一覧

第 2 章（2.3.3）（刊行済み）
胡君平（2016a）「「させる」構文と"让"構文の他動的使役文－同形同
義動詞が使われる場合を中心に－」『KLS』36 pp. 37-48 関西言語学会
第 3 章（刊行済み）
胡君平（2016b）「台湾人学習者による日本語使役文の用法別の使用実態
－ LARP at SCU の分析結果から－」『日本語教育』163 pp. 95-103 日本語
教育学会

参考文献

青木伶子（1977）「使役－自動詞・他動詞との関わりにおいて－」『成蹊国文』 10 pp.26-39

浅山佳郎（1996）「自動詞使役と他動詞にかんする中間言語について」『神奈川大学言語研究』18 pp.83-96

荒川清秀（1977）「中国語における「命令」の間接化について」『中国語研究』 16 pp.41-64

荒屋勸主編（1995）『中国語常用動詞例解辞典』株式会社紀伊國屋書店

庵功雄(2001)『新しい日本語学入門 ことばのしくみを考える』スリーエーネットワーク

庵功雄ほか（2001）『中上級を教える人のための日本語文法ハンドブック』スリーエーネットワーク

庵功雄（2008）「漢語サ変動詞の自他に関する一考察」『一橋大学留学生センター紀要』11 pp.47-63

庵功雄（2010）「中国語母語話者による漢語サ変動詞のボイス習得研究のための予備的考察」『日本語／日本語教育研究』1 pp. 103-118

庵功雄（2013）「二字漢語動名詞の使用実態に関する報告：「中納言」を用いて」『一橋大学国際教育センター紀要』4 pp. 97-108

市川保子（1997）『日本語誤用例文小辞典』株式会社凡人社

宛新政（2005）『現代汉语致使句研究』浙江大学出版社

今村圭（2011）「現代中国語に見られる"让"と"叫"の使役表現について」『中国研究』19 pp. 53-66

王轶群（2013）「从有界性看日汉语致使移动和致使变化的表达方式」『日语学习与研究』167 pp. 26-32

王婉瑩（1998）「「せる・させる」「～てもらう」「～ように言う」の日中語対照研究－中国人学習者の習得面から」『日本語教育』99 pp.36-47

王忻（2006）「中国人学習者に見られるヴォイスのカテゴリーにおける誤用をめぐって」『国文学』71-7 pp.192-202 志文堂

王忻（2008）『中国日语学习者偏误分析』外语教学与研究出版社

176

王辰寧（2016）「中国語を母語とする日本語学習者の使役文の誤用分析－作文コーパスをデータとして－」『熊本大学社会文化研究』14 pp.77-91

王彗雋（2014）中国において日本語の使役表現はどのように指導されているのか－教師に対するインタビューを通して－」『日本語教育方法研究会誌』21-2 pp.12-13

加納光・平井勝利（1994）「現代中国語における「使」,「让」,「叫」を用いた使役表現の考察」『四日市大学論集』6-2 pp.91-109　四日市大学

河村静江（2009）『同形同義動詞の対照研究－動詞と名詞のコロケーションを中心に－』同志社女子大学博士論文

木村英樹（2000）「中国語ヴォイスの構造化とカテゴリ化」『中国語学』247 pp.19-39

黒木京子（1997）「日本語教育における使役文の扱いとその問題点－進学する学習者に使用が期待される用法についての考察－」『言語文化と日本語教育』13 pp.171-181

江田すみれ（2009）「他動詞的な「させる」文について－書き言葉で必要な「させる」文とは－」『日本女子大学紀要』15-1 pp.1-14

齐沪扬（主編）（2005）『对外汉语教学语法』复旦大学出版社

佐治圭三（1992）『外国人が間違えやすい日本語の表現の研究』有限会社ひつじ書房

迫田久美子（2002）『日本語教育に生かす第二言語習得研究』株式会社アルク

定延利之（1991）「SASE と間接性」仁田義雄（編）『日本語のヴォイスと他動性』pp.123-147 くろしお出版

周紅（2005）『现代汉语致使范畴研究』复旦大学出版社

Shirai, Yasuhiro, Susanne Miyata, Norio Naka, and Yoshio Sakazaki（2001）"The Acquisition of Causative Morphology in Japanese: A Prototype Account," in Mineharu Nakayama, ed., Issuesin East Asia182-203.

白井恭弘（2008）『外国語学習の科学－第二言語習得論とは何か－』岩波書店

須賀一好・早津恵美子（1995）『動詞の自他』ひつじ書房

孫艶華（2001）「中日使役表現の対照研究－「セル・サセル」と「使, 令, 叫, 讓」との対応関係」『日本文化研究（静岡県立大学短期大学部）』13 pp.19-35

鷲尾龍一ほか（2002）『事象と言語形式』三修社

高見健一（2011）『受身と使役』開拓社

高橋弥守彦（2012）「日中対照関係から見る中国語の使役表現」日中対照言語
　　学会第 28 回大会発表資料

高橋弥守彦（2013）「日中両言語における使役のむすびつき」『日中言語対照
　　研究論集』15 日中対照言語学会

田川拓海（2010）「「方」名詞句と使役文における二重対格制約」『日本語文法』
　　10-1

張麟声（2001）『日本語教育のための誤用分析：中国語話者の母語干渉 20 例』
　　pp.168-183 スリーエーネットワーク

張麟声（2007a）「言語研究のための対照研究について－日本国内の事例を中
　　心に－」『言語文化学研究　言語情報編』2 大阪府立大学 人間社会学部
　　言語文化学科

張麟声（2007b）「言語教育のための対照研究について」『日中言語対照研究論
　　集』9 日中対照言語学会

張麟声（2010）「対照研究・誤用分析・習得研究三位一体の研究モデルについて」
　　『言語文化学研究　言語情報編』5 大阪府立大学 人間社会学部 言語文化
　　学科

張麟声（2011）『中国語話者のための日本語教育研究入門』日中言語文化出版

張麟声（2014）「中国語話者による日中同形漢語語彙の習得を考えるための対
　　照研究」『中国語話者のための日本語教育研究』5 pp.17-30 日中言語文化
　　出版

鄭聖汝（2006）『韓日使役文の機能的類型論研究』くろしお出版

寺村秀夫（1982）『日本語のシンタクスと意味Ⅰ』くろしお出版

中島悦子（1994）『日中対照研究－使役・「てもらう」・「よう（に）」構文と“譲”
　　構文－』『国文目白』33 日本女子大学

中島悦子（2007）『日中対照研究ヴォイス－自・他の対応・受身・使役・可能
　　自発－』おうふう

中俣尚己（2013）「中国語話者による」「も」構文の習得」『日本語教育 156 号』
　　pp.16-30　日本語教育学会

中俣尚己（2014）『日本語教育のための文法コロケーションハンドブック』く
　　ろしお出版

仁田義雄（1991）『日本語のヴォイスと他動性』くろしお出版

日本語記述文法研究会（編）（2009）『現代日本語文法 2』くろしお出版

日本語教育学会（2005）『新版日本語教育事典』大修館書店

任健（1996）「「使」「譲」「叫」と，それに対応する日本語の使役表現の比較
　　日本語教育から見る」『日本語・日本文化研究』4

野田尚史（1991）「文法的なヴォイスと語彙的なヴォイスの関係」『日本語の
　　ヴォイスと他動性』pp.211-232 くろしお出版

野田尚史・迫田久美子・渋谷勝己・小林典子（2001）『日本語学習者の文法習得』
　　大修館書店

林彬（2006）「日中両言語における使役文の対応関係に関する考察－中国人学
　　習者の誤用分析を中心に－」『日本語・日本文化研究』12

早津恵美子（1992）「使役表現と受身表現の接近に関するおぼえがき」『言語
　　学研究』11 pp.173-256

早津恵美子（2004）「第五章使役表現」北原保雄監修　尾上圭介編集『朝倉日
　　本語講座 6 文法 II』株式会社　朝倉書店

早津恵美子（2007）「使役表現の意味分類の観点について－山田秀雄（1908）
　　の再評価－」『東京外国語大学論集』第 75 号

早津恵美子（2015）「日本語の使役文における使役主体から動作主体への働き
　　かけの表現－従属節事態と主節の使役事態との関係－」『語学研究所論
　　集』20 pp.1-13 東京外国語大学

冯志纯 主編（2006）『21 世纪高校文科教材　现代汉语下册』西南师范大学出版
　　社

馮富榮（1994）「日本語使役文の学習過程における母語（中国語）の影響につ
　　いて」『教育心理学研究』42 pp.324-333 日本教育心理学会

馮富榮（1999）『日本語学習における母語干渉－中国人を対象として－』風間
　　書房

馮寶珠（2001）『日中両語における使役表現の対照研究－「させる」構文と「動
　　補構文－」を中心に－』pp.113-132 致良出版社

米麗英・任福継（2006）「中日使役表現における対照分析」『徳島大学国語国
　　文学』19 pp.19-32　徳島大学

丸田忠雄（1998）『使役動詞のアナトミー－語彙的使役動詞の語彙概念構造』
　　松柏社

望月圭子（2009）「中国語を母語とする上級日本語学習者によるヴォイスの誤
　　用分析－中国語との対照から－」『東京外国語大学論集』78 pp.85-106

森篤嗣（2012）「使役における体系と現実の言語使用－日本語教育文法の視点
　　から－」『日本語文法』12

森篤嗣（2014）「形容詞連用形に後接するスルーサセルの置換について」『日
　　本語教育』120 pp.33-42

森篤嗣（2014）「漢語サ変動詞におけるスルーサセルについて」『帝塚山大学
　　現代生活学部紀要』10 pp.139-147

森田良行（1995）『日本語の視点』創拓社

森田良行（2002）『日本語文法の発想』有限会社ひつじ書房

李薇（2005）「日本語と中国語の使役表現の対照」『日本言語文化研究』7

劉賢（2015）「中国大学日本語専攻用の教材における使役表現の扱いについて
　　：学習者の産出例との関連をめぐって」『比較日本学教育研究センター研
　　究年報』11 pp.235-240

劉志偉（2013）「日本語の受身表現と使役表現の連続性をめぐって－中国語と
　　の対訳から－」『日中言語対照研究論集』15 日中対照言語学会

呂叔湘（主編）（1992）『中国語用例事典　現代汉语八百词　日本語版』東方書
　　店

山田一美・山田勇人（2009）「漢語サセル動詞に関する一考察」『大阪女学院
　　短期大学紀要』39 pp.19-29

熊仲儒（2004）『现代汉语中的致使句式』安徽大学出版社

楊凱栄（1989）『日本語と中国語の使役表現に関する対照研究』くろしお出版

横田隆志（2015）「「使役表現」の教材作成についての一考察」『北陸大学紀要』
　　39 pp.59-71

吉田雅子（2011）「漢語サ変動詞の日中対比」『専修大学外国語教育論集』39
　　pp.39-56

資料（アンケート調査票）

調　査　問　卷

※　本问卷仅用于本人课题研究。公开研究成果时，将显示有关数据（绝不公开姓名），

您是否同意协助？若不同意，请写明理由。感谢您的合作！

　　a．同意　　　　　　　　　b．不同意（理由：　　　　　　　　　　　）

0．**个人信息**

　　① 姓名：＿＿＿＿＿＿＿＿　　② ＿＿＿＿＿＿＿＿＿＿＿＿大学 ＿＿＿年级

　　③ 所持**日语能力**等级证书名称、分数、考取年月等

　　　　a．N1（＿＿＿分 /＿＿＿年＿＿月）　　b．N2（＿＿＿分 /＿＿＿年＿＿月）

　　　　c．N3（＿＿＿分 /＿＿＿年＿＿月）　　d．N4（＿＿＿分 /＿＿＿年＿＿月）

　　　　e．N5（＿＿＿分 /＿＿＿年＿＿月）　　f．J-test（＿＿＿级 /＿＿＿年＿＿月）

　　　　g．其他考试：＿＿＿＿＿＿＿＿＿（＿＿＿分 /＿＿＿年＿＿月）　　h．未考取任何证书

※　本问卷不评分，请凭直觉答题，不要查阅辞典或书籍。

开始时间：＿＿＿＿＿＿点＿＿＿＿＿＿分

Ⅰ．**请参照汉语句子，使用（）里的提示词完成日语。**

(1)　我的茶被小李喝了。

　　私のお茶 ＿＿＿＿＿＿＿＿＿＿＿＿＿＿＿＿＿＿＿。（飲む）

(2)　刚刚看了一个很有意思的电影，太让我感动了。

　　先ほど、面白い映画を 見た ＿＿＿＿＿＿＿＿＿＿＿＿＿。（感動する）

(3)　昨天，我让一位有名的算命先生给看了手相。

　　昨日、有名な 占い師に 手相を ＿＿＿＿＿＿＿＿＿＿。（見る）

(4)　他的梦想是实现世界和平。

　　彼の夢 ＿＿＿＿＿＿＿＿＿＿＿＿。（実現する）

(5)　明天我能去。

　　明日 ＿＿＿＿＿＿＿＿＿＿＿＿＿。（行く）

(6) 刚才，我让上司确认了一下资料。

　　　先ほど、上司 _____。（確認する）

(7) 茶道有集中精神的效果。

　　　茶道 _____。（集中する）

(8) 我不会英语。

　　　わたし _____。（できる）

(9) 考试又没及格，太让我失望了。

　　　又 試験に 落ちて、_____。（がっかりする）

(10) 这个药有增加食欲的作用。

　　　この薬 _____。（増加する）

(11) 我让前辈顺便给我买了杯咖啡。

　　　先輩に ついでに 私の分のコーヒーを _____。（買う）

(12) 上个月，小王的作品被公开了。

　　　先月、王さんの作品 _____。（公開する）

(13) 他的一句话让我绝望了。

　　　彼の一言 _____。（絶望する）

Ⅱ. 请将（）里的提示词改成适当形式，填到 _____ 上完成句子，再译成汉语。

　　　例：練習すれば きっと うまく ___書ける__（書く）。
　　　　　多练习的话肯定能写好。

(1) 私の手作りケーキなので、先生に _____たい。（食べる）

　　　_____

(2) 日本では、20歳から _____。（飲酒する）

　　　_____

(3) やっと、船の模型を _____。（完成する）

(4) そんなことあるの？本当に ＿＿＿＿＿＿＿＿＿＿＿＿＿＿＿＿＿。（びっくりする）

＿＿＿＿＿＿＿＿＿＿＿＿＿＿＿＿＿＿＿＿＿＿＿＿＿＿＿＿＿＿

(5) 帰宅の途中に 雨に ＿＿＿＿＿＿＿＿＿＿＿＿＿＿＿＿＿。（降る）

＿＿＿＿＿＿＿＿＿＿＿＿＿＿＿＿＿＿＿＿＿＿＿＿＿＿＿＿＿＿

(6) 社長が たくさん 激励の言葉をくださったので、とても＿＿＿＿＿＿。（感激する）

＿＿＿＿＿＿＿＿＿＿＿＿＿＿＿＿＿＿＿＿＿＿＿＿＿＿＿＿＿＿

(7) この講座の目的は 交通事故を ＿＿＿＿＿＿＿＿＿＿＿＿＿＿ことだ。（減少する）

＿＿＿＿＿＿＿＿＿＿＿＿＿＿＿＿＿＿＿＿＿＿＿＿＿＿＿＿＿＿

(8) この花は ＿＿＿＿＿＿＿＿＿＿＿＿＿＿＿＿＿＿＿＿か？（食べる）

＿＿＿＿＿＿＿＿＿＿＿＿＿＿＿＿＿＿＿＿＿＿＿＿＿＿＿＿＿＿

(9) うちの子供は 中々 勉強してくれないから、本当に ＿＿＿＿＿＿＿。（心配する）

＿＿＿＿＿＿＿＿＿＿＿＿＿＿＿＿＿＿＿＿＿＿＿＿＿＿＿＿＿＿

(10) 点心を たくさん 作り過ぎたので、友達に ＿＿＿＿＿＿＿＿＿。（食べる）

＿＿＿＿＿＿＿＿＿＿＿＿＿＿＿＿＿＿＿＿＿＿＿＿＿＿＿＿＿＿

(11) 今日も 先生に ＿＿＿＿＿＿＿＿＿＿＿＿＿＿＿＿＿。（怒る）

＿＿＿＿＿＿＿＿＿＿＿＿＿＿＿＿＿＿＿＿＿＿＿＿＿＿＿＿＿＿

(12) 手を触れずに 音波で 物体を＿＿＿＿＿＿＿＿＿＿＿＿＿＿＿。（移動する）

＿＿＿＿＿＿＿＿＿＿＿＿＿＿＿＿＿＿＿＿＿＿＿＿＿＿＿＿＿＿

(13) 私は用事があるので、彼に 代わりに 郵便局に＿＿＿＿＿＿＿＿＿。（行く）

＿＿＿＿＿＿＿＿＿＿＿＿＿＿＿＿＿＿＿＿＿＿＿＿＿＿＿＿＿＿

结束时间： ＿＿＿＿＿**点**＿＿＿＿＿**分** **衷心感谢您的协助！**

あとがき

　本書は平成 29 年 2 月に大阪府立大学大学院人間社会学研究科に提出した博士論文『中国語母語話者による日本語の「させる」構文の習得』に修正を加えて出版に至ったものです。博士論文には指導教員の方針から謝辞を付さなかったのですが，博士論文の遂行そして本書をまとめるにあたり，多くの方々から貴重なご指導，ご支援，ご厚意を頂きました。ここに記して心より感謝を申し上げます。

　大阪府立大学の学部時代から現在にわたり，生涯の恩師である主指導教員の張麟声先生に，始終厳しくも温かいご指導とご鞭撻を賜りました。思えば，張先生との出会いは 12 年前の春に遡ります。初対面で将来はどんな仕事をしたいのと問われ，当初まだ目的は明確でなかった私に，親身になって日本語研究，中国人のための日本語教育という人生の目標を提案してくださいました。研究について全くの初心者である私に，基礎から研究方法及び方向性をご指導くださり，正しい道へと導いてくださいました。張先生は日本と中国において多数の研究会を発足させ，『人文科学の一流的研究を目指す博士論文叢書』『一衣帯水』などを創刊し，中日両国の若手研究者の育成，そして両国の文化交流の促進に取り込んでおられます。学問的成果だけではなく，先生の献身的で前向きな姿におおいに感銘を受けました。先生との出会いがなければ，博士論文の提出，本書の刊行，そして今日の私はなかったと思います。張先生は私にとって人生の道しるべ的な存在です。心より厚く御礼申し上げます。

　また，長年にわたりたくさん貴重なご指摘，ご助言を賜りました野田尚史先生に深く感謝を申し上げたいと思います。野田先生はもう一人の指導教員と言っても決して過言ではありません。ゼミ発表や研究会で若手研究者の研究方向性を尊重し，研究そのものに対する真摯な姿勢を示してくださいました。また，論文の書き方における分かりやすさ，簡潔さ，正確さの重要性を，ご自身の言動をもってご教示くださいました。野田先生のような心温まる先生を目指し，教育者の一人として，日々精進して参ります。

　そして，ご支援と激励を賜りました副指導教員の大平桂一先生をは

じめ，博士論文審査にあたってくださった山東功先生，西尾純二先生より有益なご指摘を賜り，深く感謝を申し上げます。また，論文投稿や学会発表の会場において，有益なご指摘とコメントを数多く頂きました森篤嗣先生，庵功雄先生，中俣尚己先生，杉村泰先生，建石始先生，石川慎一郎先生，劉志偉先生，劉驫先生に，深甚の謝意を表します。博士論文のネイティブチェックを快く引き受けてくださった五十嵐小優粒氏，アンケート調査で大変お世話になった西安外国語大学（現在）の陳建明先輩，ご協力頂いた先生方と被験者の学生諸君に，深く感謝しております。博士課程在学中，時には激しく討論したり，時には励まし合ったり，多くのご支援ご助言を頂きました良き先輩と後輩に，心より感謝いたします。さらに，本書の刊行と研究の悩みなど，相談に乗ってくださった華僑大学の陳臻渝先輩，研究会や文献の新しい情報を提供してくださった大阪府立大学の後輩の蘇彦銘にお礼を申し上げます。

日本留学中に奨学金を提供して下さった公益財団法人ロータリー米山記念奨学金，公益財団法人加藤朝雄国際奨学財団，独立行政法人日本学生支援机构（JASSO）に，多大なご支援を賜りました。本書の出版費用は成都理工大学外国語学院よりご支援を頂きました。この場を借りて厚くお礼申し上げます。

本書の出版を快諾してくださった日中言語文化出版社の関谷一雄社長，およびネイティブチェックと編集の労をとってくださった江口真由美さんにも心よりお礼を申し上げます。江口真由美さんとはご縁に恵まれ，学部生からの同級生で，修士課程修了式では赤い着物をお借りし，素晴らしい記念写真の撮影ができました。このたび，もう一つ掛け替えのない貴重な記念ができ，感無量です。

最後に，長年の海外留学に理解を示し，いつも陰ながら温かく支えてくれる夫，両親と兄，日々頑張る元気をくれた心の癒しである娘，最愛の家族に感謝です。本当にありがとうございます。

新型コロナが狂わせた 2020 年，地球の春が一日も早く来ますように。

2020 年 4 月 1 日
成都理工大学　外国語学院にて
胡君平

索引

J
JFL 113, 115, 142, 169

R
"让" 構文 3, 6-8, 10, 12-14, 16, 17, 23-25, 27-30, 32-40, 42, 43, 44, 45, 46, 47, 49-55, 59-61, 64-68, 72, 73, 75-81, 100, 106, 107, 109-111, 131, 132, 157, 166-168, 171, 172, 174

V
Vi 13, 14, 81, 94, 96
ViVt 13, 14, 81
Vt 13, 14, 81, 94, 96, 97, 99, 106, 108, 110

X
X 13, 14, 19, 23, 26-33, 35-43, 47, 55, 59, 62-64, 67, 69, 72, 74, 79, 98, 116, 167
X の事象関与 26-33, 35-40, 42, 43, 47, 55, 67, 69, 72, 74, 79, 167

Y
Y 13, 14, 18, 19, 23, 36, 40-42, 55, 57, 59-61, 70, 71, 81, 83, 94, 97-100, 103, 106, 108, 109, 110, 112, 116, 161, 168
Y を示す助詞 97, 103, 108, 109, 112, 168

あ
アウトプット 145

い
意志的 12, 19, 26, 74, 77
意志動詞 153, 158
一人称 50-53, 55, 81, 98, 103, 109, 110, 112, 126, 128, 138, 139, 144, 148, 153, 163, 164, 166, 167, 169, 170, 172

異同点　3, 8, 10, 12, 17, 24, 25, 172

意図的　20, 22, 27, 43, 148, 162

意味機能　59, 86

意味・用法　3, 8, 12, 13, 17, 18, 20-27, 34, 39, 40, 42, 43, 66, 67, 72, 79, 80,
　　　85, 88, 108, 151, 152, 155, 160, 161, 165, 167, 171, 174

因果関係　2, 12, 19, 26, 31, 85, 86, 146

インプット　145, 149, 150, 154, 159, 172

う

受身　2, 3, 9, 13, 15, 18, 20, 21, 23, 26, 69, 83, 85, 86, 98, 99, 100, 103,
　　　109-111, 114, 115, 127-129, 151, 152, 155, 163

お

横断的　82, 87, 88

置換え　55, 60, 62, 63

恩恵　44, 45, 47, 165, 166, 170, 172

か

解説・語彙　159, 160

解説・文法　151-153, 155

関わり　12, 20, 21, 26, 28, 79, 85, 148

書き言葉　25, 49, 103, 125, 147

学習過程　8, 82, 87, 88, 134, 137, 140

学習年数　102-104, 112, 114, 168

確認可　31, 33, 35-40, 43, 47, 55, 67, 69, 72, 74, 79

確認不可　31-33, 37, 39, 40, 74, 76, 79

過剰一般化　97, 98, 105, 112, 168

過剰使用　83, 84, 87, 88, 94-97, 103, 109, 110, 112, 126-129, 139, 142-144,
　　　163, 169, 170

仮説 A　107, 112, 119-124, 127, 133, 134, 135-137, 142, 143, 162, 169, 170

仮説 B　110, 112, 121, 122, 126-128, 133, 134, 137-139, 142-144, 163, 164, 169, 170

仮説 C 111, 112, 121, 129-134, 140-144, 164, 169, 170
含意 7, 14, 16, 17, 76, 81
漢語動詞 56, 163
間接受身 26, 69
間接性 16
間接的 20, 27, 31, 33, 37, 39, 40, 43, 72, 75, 79
間接命令的 7, 10, 40, 42, 66, 74, 76, 77, 79-81, 167

き

客体原因的 7, 10, 40-42, 66, 72-74, 79-81
共起 66
教材(の)構成 11, 145, 149, 150
教材分析 3, 6, 7, 9-11, 145, 146, 167, 172, 173
強制 15, 18-20, 27, 108, 146-148, 152
共通しない 3, 6, 10, 13, 43, 66, 80, 81, 172-174
共通する 3, 6, 10, 13, 26, 43, 80, 81, 167, 172, 174
許可 15, 18, 19, 43-45, 47, 77, 78, 81, 146, 148, 153

け

欠如 85-87, 147
研究モデル 3-6, 9, 167
検証調査 3-7, 9, 10, 113, 115, 118, 142, 145, 146, 165, 167, 169, 171, 172,
　　　173, 174

こ

項 59, 60, 61, 66
行為規定的 10, 40, 42, 66, 76-81, 167
高制御性 63, 66, 106
構文的制約 57, 59, 60, 66
構文的特徴 3, 8, 13, 17, 18, 22-26, 32, 43, 56, 59, 73, 77, 79, 80, 160, 165,
　　　167, 171, 172

誤答形式 122, 123, 126, 127, 129-133, 136, 139, 142, 143, 169

誤答率 121-143, 169, 170

誤用観察 3-6, 9, 10, 82, 88, 104-107, 110, 111, 113, 167, 168, 172-174

誤用傾向 1, 4, 8-10, 82, 86-88, 93, 100, 102, 103, 111-113, 116, 117, 121,
　　　123, 127, 130, 134, 136, 137, 140, 143, 145, 148, 168-170, 173

誤用数 83, 92, 93, 94, 97, 99-101, 105-110, 168

誤用(の)パターン 6, 82, 84-86, 88, 92-94, 96, 97, 99, 105, 106, 108, 110,
　　　112, 117, 168

誤用分析 1, 5, 7, 8, 82, 86-88, 113, 172

誤用率 6, 85, 87, 92, 93, 94, 96, 99-104, 112, 128, 131, 132, 139, 142, 143,
　　　168, 169, 173

混同 84, 85, 94, 97-100, 103, 106, 108-112, 129-132, 142-144, 147, 164,
　　　168-170

コントロール 6, 62, 107, 162

さ

再帰的 10, 36, 40, 41, 43, 66, 67, 69, 79-81, 150, 159-161, 165, 167, 171

「させる」構文 2-4, 6-10, 12-14, 16, 17, 21, 23-32, 34, 37-40, 42-45, 47,
　　　49-55, 59, 61, 64-68, 73, 75-82, 87-91, 93, 94, 96, 98, 100, 103-107,
　　　109-111, 113, 115, 121, 124, 131, 132, 134, 143, 145, 148-151, 154,
　　　155, 160, 161, 163-165, 167, 168, 171-174

サ変動詞 85, 86, 100, 114, 115, 117

産出 115, 146, 148

三人称 50, 53

三位一体 3, 4, 5, 6, 9, 113, 167

し

使役受身 15, 111, 151, 152, 155

使役事象 69, 70

使役者 7, 12-18, 20, 21, 24-26, 28-38, 43, 44, 46, 47, 49-55, 59, 66, 67, 69,

70, 72-77, 79, 83, 87, 91, 94, 107, 108, 110, 112, 114, 122, 124-126, 131, 132, 141-144, 149, 151, 157, 162-164, 166-171

使役性 2, 3, 12

使役動詞 129

使役表現 1-3, 7, 8, 12, 13, 15-23, 25-27, 34, 36, 37, 39, 77, 86, 108, 115, 129, 132, 146-148, 167, 174

使役文 3, 12-14, 16, 18-21, 23, 24, 27, 28, 31-37, 42-45, 47, 48, 53, 55-57, 59-62, 64-67, 69-74, 76-79, 82-88, 91-93, 95-99, 101, 103, 107, 108, 110-115, 119-122, 125, 126, 128, 129, 131, 133, 143, 144, 146, 148-172

使役マーカー 2, 15, 22, 23, 59, 60, 77, 86, 95, 96, 114, 150

指示・許容的 10, 35, 40, 43-45, 47, 74, 76-81, 93, 97-102, 104, 108-113, 115, 117, 129-133, 140-144, 150, 151, 153-155, 160-162, 164-166, 168-172

事象 14, 18, 20-33, 35-40, 42, 43, 47, 54, 55, 62, 67, 69, 70, 72, 74, 76, 79, 84, 129, 167

事象的 31-33, 37, 39, 40, 74, 79

自然さ判定 1, 6, 8, 9, 49, 115, 120

事態 12, 15, 18, 20, 21, 26, 29, 30, 31, 33, 34, 57-59, 66, 69-72, 75, 76, 79, 85, 129, 148

自他両用動詞 13, 56, 62, 64, 66, 85, 94, 95, 106, 107, 112, 122, 124, 125, 136, 137, 143, 144, 159, 162, 163, 165, 166, 168-171

自動詞使役文 151, 152, 155, 160

自動詞文 36, 54, 55, 69, 72, 98, 108, 110, 112, 126, 128, 131, 157, 163, 164, 166, 167, 169, 172

自動詞寄り 125, 136, 137, 144, 170

習熟度 8, 10, 82, 88, 92, 100-102, 111, 112

縦断的 82, 88, 168

習得仮説 4, 6, 7, 10, 11, 82, 104, 105, 107, 110-113, 121, 133, 134, 142, 143, 145, 160, 162, 164, 168, 169, 171, 173

習得傾向 9, 115, 172, 173

190

習得困難度　135, 137, 140

習得状況　1, 9, 134, 173, 174

習得難易度　92, 100, 104

述語動詞　13, 16, 25, 47, 54-57, 59, 61, 62, 64, 73, 78, 90, 91, 95, 107, 108, 112, 119, 122, 124, 128, 132, 135-137, 140-143, 149, 150, 153, 154, 156-159, 162, 168, 169

使用実態　1, 3, 4, 82, 83, 88, 90, 91, 93, 116

状態変化　55, 67-69

使用範囲　12, 17, 125

新出単語　151, 152

新出単語　150

心理活動　47, 48, 53-55, 109, 110, 157, 164, 166, 167, 172

心理誘発的　10, 38-40, 43, 47, 48, 50, 53, 55, 79-81, 93, 96, 97, 101-104, 108-110, 112, 113, 117, 126-128, 133, 137-139, 142-144, 150, 155-157, 160-172

せ

制御性　62-64, 66, 81, 106, 107, 112, 122, 124, 125, 162, 166, 168, 169, 171

正答　7, 128, 138

そ

相違点　3, 6-8, 13, 14, 16, 17, 25, 43, 47, 55, 56, 66, 80, 114, 152

属性的　32, 33, 37, 39, 40, 76, 79

た

対応関係　3, 4, 6, 8, 10, 12-18, 24, 25, 27, 36, 42, 43, 47, 49, 50, 53, 55, 66, 76, 79-81, 86, 87, 106, 107, 109-111, 161, 163, 167, 172

対外的　40, 47, 55, 72, 79

待遇的制限　44, 45, 47, 132

待遇的制約　17

対自的　36, 37, 39, 40, 67, 79

対照研究　1, 3-10, 12, 13, 16-18, 23-27, 32, 34, 42, 43, 53, 72, 77, 79, 82, 86, 99, 104-107, 109-113, 116, 128, 131, 167, 168, 172, 174

対他的 33, 36-39

第二言語習得 3-6, 145, 172

対訳 6, 9, 10, 17, 23-25, 45, 47, 50, 83, 167

脱落 84

他動詞使役文 151, 152, 160

他動詞文 3, 13, 14, 21, 36, 59-62, 64-66, 72, 74, 76, 95, 96, 107, 112, 122, 124, 125, 131, 161, 162, 166, 168, 169, 171

他動詞寄り 125, 136, 137

他動的 10, 19, 20, 27, 28, 35, 37, 40, 41, 43, 55-57, 59-62, 64-66, 69, 79, 80, 81, 93-98, 101-110, 112, 113, 115, 117, 122-124, 133-137, 142, 143, 150, 157, 158, 160-162, 165, 167-171

ち

中間言語 6, 115

中制御性 63

直接的 20, 27, 31, 33, 35-40, 47, 55, 67, 70-72, 79, 87

て

低制御性 63, 66, 81, 106, 107

転移 3-6, 8, 9, 105, 114, 115, 122, 126, 129, 147

典型的使役 3, 79

と

同形同義 56, 57, 59, 119

動作主 41, 60, 108

動作主体 18, 59, 152

動作対象 41, 59

動作の実現 7, 16, 17

同等関係 43, 44, 132, 142-144, 170

トータル誤答率 122-124, 126-131, 133, 134, 136, 139, 141-143, 169, 170

な

内省 125

に

二人称 50, 53

日本語教育 1, 8, 16, 18, 27, 86-88, 91, 103-105, 108, 134, 146-148, 160, 161, 172, 174

日本語(の)教材 4, 10, 145-149, 161, 165, 173

の

能動文 20, 26, 51, 52, 67, 68, 109, 110, 120, 151, 152, 168

は

働きかけ 12, 15, 29, 30-32, 62, 63, 69, 74-77, 87, 108, 152

話し言葉 49

ひ

非意志的 15, 17, 24, 49, 50

被験者 4, 7, 10, 113, 116-120, 128, 129, 133, 135, 137, 140, 141, 145, 146, 148, 165, 171, 173

被使役者 7, 13-18, 24-26, 31, 33-38, 43, 44, 46, 47, 49-55, 59, 66, 67, 69, 70, 72-77, 83, 91, 94, 108, 110, 112, 114, 126, 131, 132, 141-144, 149, 157, 163, 164, 166, 167, 169-171

非情物 15, 17, 51, 67-69, 108

非用 94, 96, 97, 99, 106, 108, 110

ふ

フォローアップ・インタビュー 116, 120, 128

不自然 1, 4, 53, 60, 63, 91, 98, 107, 109, 114, 124, 125, 147, 148, 162, 167

不使用 84, 87, 88, 93-97, 99, 100-102, 106-108, 110, 112, 122-124, 127, 136, 143, 162, 168-170

不対応 55, 56, 64, 66
不特定多数 76-78, 98, 103
文法項目 1, 88, 116, 145, 146, 148, 150, 154, 155, 157, 158-161, 163, 165, 171
分類基準 6, 15, 24, 26, 27, 50, 167
分類枠組み 31, 33, 37, 39

ほ

ヴォイス / ボイス 2, 83, 96, 115, 117
放任 2, 15, 19, 20, 21, 23, 27, 43, 45, 86, 108
母語(の)干渉 8, 82, 84-86, 96-98, 105-107, 110-116, 124, 128, 132, 137, 139, 142-144, 162-164, 168-170, 174
母語話者 1, 6, 83, 84, 91, 93, 104, 114, 115, 120, 147, 167, 172

み

未習得 87, 96, 105, 112, 168

む

無意志的 15, 17, 24, 47, 55, 67, 69
無効回答 120, 121

も

目標言語 3, 4, 5, 6, 26, 105, 125
(て)もらう 2, 13, 14, 16, 45-47, 81, 84, 94, 99, 110-112, 129, 131, 132, 142-144, 164-167, 169, 170, 172

ゆ

有効回答 120, 121, 123, 127, 130, 136, 138, 139, 142
有情性 14, 17, 24, 25
有情物 15, 17, 24, 67, 69, 74, 97
有責的 10, 27, 28, 31, 33, 36, 37, 39-41, 66, 69, 70-72, 79, 80, 93, 114, 117, 167

誘発　2, 10, 14, 15, 17-19, 23, 24, 37, 40, 43, 47, 48, 50, 53-55, 72, 79-81, 93, 96, 97, 101-104, 108-110, 112, 113, 117, 126-128, 133, 137-139, 142-144, 150, 155-157, 160-172

揺れ　91, 124, 127, 128, 131

よ

用法別　4, 6-8, 10, 11, 43, 82, 83, 86, 88, 91-93, 100, 101, 104, 105, 111-113, 117, 121, 133, 134, 143, 145, 149, 150, 160, 165, 168

る

類義表現　23, 26

れ

練習　7, 99, 149, 150, 153, 154, 157-160, 165, 171

わ

和語動詞　56, 163

著者紹介

胡　君平（コ・クンヘイ　Hu Junping）

1979 年，中国山東省威海市生まれ。

2012 年，大阪府立大学人間社会学研究科修士課程修了（言語文化学）

2017 年，大阪府立大学人間社会学研究科博士課程修了（言語文化学）

現　在，中国成都理工大学外国語学部講師

発表論文

(1) 胡君平（2012）「日本語と中国語の使役表現の対照研究－「(さ) せる」と「让」を中心に－」修士論文，大阪府立大学 人間社会学研究科

(2) 胡君平（2016a）「「させる」構文と "让" 構文の他動的使役文－同形同義動詞が使われる場合を中心に－」『KLS』36 pp.37-48 関西言語学会

(3) 胡君平（2016b）「台湾人学習者による日本語使役文の用法別の使用実態－ LARP at SCU の分析結果から－」『日本語教育』163 pp.95-103 日本語教育学会

(4) 胡君平（2020a）「使役句 "让" 和「させる」的汉日对比研究—基于语义用法的新分类」『日语学习与研究』(02) pp. 28-36

(5) 胡君平(2020b)「中国学习者日语使役句习得的实证性研究」『教育现代化』1 月第 3 期 pp.159-161

(6) 胡君平（2020c）「中国語 "让" 構文の日本語訳」『中文日訳の基礎的研究（二)』に掲載予定

中国語話者における日本語の「させる」構文の習得

2020 年 5 月 2 日　初版第 1 刷発行

著　者　胡　　君　平
発行者　関　谷　一　雄
発行所　日中言語文化出版社
　　　　〒531-0074　大阪市北区本庄東2丁目13番21号
　　　　ＴＥＬ　０６（６４８５）２４０６
　　　　ＦＡＸ　０６（６３７１）２３０３
印刷所　有限会社 扶桑印刷社